LABORATORIOS
Sensoriales

EL APRENDIZAJE A TRAVÉS DE LA OBSERVACIÓN, EXPERIMENTACIÓN Y ASOMBRO EN EDUCACIÓN INFANTIL

Naty Bellido Cañas

Saralejandría
ediciones

Del texto:
Naty Bellido Cañas
Perfil profesional:
@jugando_en_neptuno
Diseño de edición:
Elena Torres Andrés

De la presente edición:
Grupo Sar Alejandría S.L
Edita:
Saralejandría Ediciones
ISBN: 978-84-10105-61-4
Depósito Legal: CS 803-2024

A Zión

Sobre mí

Soy miembro de una familia de maestros, pero no puedo decir que siempre me quise dedicar a la educación, porque no sería cierto.

Cómo he llegado a donde estoy es algo realmente difícil de explicar, mis inicios fueron matriculándome en la carrera de maestra y abandonando el primer año. No llegué a sentir esa conexión que necesitaba para continuar y pensé que quizás no era mi sitio, seguramente no lo era en aquel momento y creo que hice bien al dejarlo.

Me matriculé en trabajo social y me especialicé en infancia, siempre ha habido algo en mí que me hacía volver a estar en contacto con los niños. Tras finalizar Trabajo Social empecé a estudiar Antropología y allí fue cuando empecé a conectar conmigo misma, descubrí muchas de las cosas que quería hacer y empezó este viaje que hoy sigo haciendo.

De una forma totalmente casual en una de mis asignaturas escuché nombrar a María Montessori y muchos referentes de las pedagogías activas. Aquello me llenó de curiosidad y empecé a investigar, se abrió un mundo increíble para mí y comencé a formarme y a leer sin parar. Finalizando mi formación de asistente Montessori conocí Sevilla Montessori School y tuve la gran suerte de empezar a trabajar allí. Realicé mi formación de Guía Montessori, pude ser Guía de Comunidad Infantil y aquel espacio fue mi casa durante unos años. Siempre lo digo, yo he sido una privilegiada por poder vivenciar la magia que se produce dentro de una escuela activa, puedo hablar de ello porque he sido parte de aquel lugar y mi vida cambió, descubrí que otra educación sí es posible pero que hay que buscar los medios de hacerla llegar a la mayor parte de niños de este país. Cuando salí de allí, he trabajado en otros muchos centros y he podido ver cuanta falta hace el cambio.

Empecé a estudiar de nuevo, esta vez para ser maestra de educación infantil, he sido madre y hoy trabajo en una escuela que me deja "ser". Me considero una activista de los derechos de la infancia y de una educación diferente, porque se puede, porque podemos cambiar el rumbo de nuestra educación, por suerte cada vez más hay gente que trabaja en ello, nuestras aulas se llenan cada vez más de personas que buscan el cambio.

Yo he llegado a donde estoy gracias a la curiosidad, a la experimentación y también al asombro, por ello siempre busco conseguir esto en los niños y niñas que tengo la enorme suerte de acompañar, porque el aprendizaje viene de la mano de querer descubrir y de asombrarnos por lo que descubrimos.

ÍNDICE

CAPÍTULO 1

PUNTO DE PARTIDA: PEDAGOGÍAS ACTIVAS

Nos pasamos el primer año de la vida de un niño enseñándole a hablar y caminar. Y el resto de sus vidas les decimos que se callen y estén quietos.

Neil Degrasse Tyson.

Empezar este capítulo es comenzar un viaje, el viaje que hace años empecé a realizar conociendo las pedagogías "alternativas", otras formas de ver y vivir la educación que me llevaron a la educadora que hoy soy. Mi pasión por las propuestas sensoriales, por todo lo manipulativo, tiene su origen en el conocimiento y descubrimiento de las pedagogías activas.

Cuando hablamos de pedagogías activas pensamos en modos novedosos de educar, pero realmente la mayoría de estas pedagogías tienen su origen en principios del siglo pasado.

Debemos ser conscientes de que partimos de autores de la "Escuela Nueva" (Ausubel, Decroly, las hermanas Agazzi…) que a finales del siglo XIX y principios del XX, ya defendían términos como escuela activa.

Estas pedagogías ponían al niño como centro del aprendizaje y cambiaron la forma de entender la educación.

No podemos negar que actualmente estas pedagogías están teniendo, cada vez más protagonismo en nuestro sistema educativo, podríamos decir que estamos viviendo una época de trasformación e innovación educativa.

Las pedagogías activas son un conjunto de metodologías que buscan hacer del niño actor principal en su proceso de aprendizaje. En lugar de centrarse en la transmisión de conocimientos, que es la forma que podríamos llamar "tradicional" del sistema educativo.

El aprendizaje sería un proceso activo, donde el alumno es protagonista, pero también influyen y tienen gran importancia el entorno y el profesor/guía o acompañante.

Los intereses, las motivaciones y los ritmos son respetados, siendo el juego entendido como el principal trabajo del niño, es esta la manera que tienen de comprenderse a ellos mismos y su entorno.

Estas pedagogías fomentan la cooperación frente a la competitividad, respetan las diferencias y valoran la diversidad.

Algunas de las **CARACTERÍSTICAS** de las pedagogías activas serían:

CARACTERÍSTICAS PEDAGOGÍAS ACTIVAS

- El niño protagonista de su propio aprendizaje.
- Experiencia como fuente de aprendizaje gracias a la curiosidad.
- Aprendizaje significativo.
- Gran importancia del ambiente educativo (físico y emocional).
- Respeto a las individualidades de cada niño.
- Importancia y puesta en valor del juego libre.
- Gran importancia de la manipulación y desarrollo de los sentidos.
- Importancia de los materiales.
- Respeto al desarrollo y maduración de cada niño.
- Gran importancia de la observación del proceso y no de los resultados.
- El docente como acompañante del proceso de aprendizaje.

Dentro de las llamadas pedagogías activas algunas de las que encontramos son:

- **Montessori.**

- **Reggio Emilia.**

- **Escuela Activa. Mauricio y Rebeca Wild.**

- **Bosque Escuela.**

La mayor señal del éxito de un profesor es poder decir: ahora trabajan como si yo no existiera.

María Montessori

MONTESSORI

María Montessori fue una de las primeras mujeres en graduarse en medicina en Italia en 1896. Su propuesta pedagógica se basó en la observación científica de los niños y niñas.

La pedagogía Montessori se entiende como una filosofía y un estilo de vida, un estilo de ser y de ver la infancia.

Muchas de las ideas que M. Montessori aportó han sido años después, confirmadas por la neurociencia, por ejemplo los llamados: periodos sensibles, que la neurociencia ha denominado: ventanas de oportunidad.

A raíz de sus estudios Montessori comprendió la importancia que tiene en la educación de los niños los diferentes sentidos y su desarrollo.

Como eje central de su filosofía, Montessori considera que los niños deben crecer como individuos libres y, por tanto, el primer paso hacia la libertad es la autonomía.

Lo pilares fundamentales de la pedagogía Montessori podrían decirse que son:

- Importancia del ambiente preparado.

- La mente absorbente del niño. Se produce entre los 0-6 años y en esta etapa se identifican los diferentes periodos sensibles (confirmados años más tardes por la neurociencia).

- El papel del adulto en la educación del niño.

PERIODOS SENSIBLES M. MONTESSORI

- Lenguaje.

- Orden.

- Refinamiento sensorial.

- Movimiento.

"Se trata de sensibilidades especiales, que se encuentran en los seres en evolución, es decir, en los estados infantiles, los cuales son pasajeros y se limitan a la adquisición de un carácter determinado..." Maria Montessori, "El niño, el secreto de la infancia".

VENTANAS DE OPORTUNIDAD, NEUROCIENCIA

Son períodos óptimos para áreas específicas del desarrollo. Son los momentos en los que el aprendizaje en áreas específicas puede desarrollarse a un ritmo increíble.

- Desarrollo motor.

- Control emocional.

- Vocabulario.

- Lenguaje.

- Lógico/matemático.

- Musical.

¿Encontráis similitudes? ¿Creéis que una de las llamadas "pedagogías alternativas" fue pionera en algo que se ha demostrado muchos años después?

REGGIO EMILIA

Metodología surge en la región de Reggio Emilia (Italia) tras la II Guerra Mundial, donde algunas familias decidieron que ellos gestionarían y construirían una nueva escuela para sus hijos. Tenían claro que necesitaban crear una nueva escuela, que educara diferente para evitar que volviera a ocurrir otra tragedia como la guerra.

Esta nueva escuela debía desarrollar el autoestima y fomentar el pensamiento crítico en los niños y niñas.

Contaron con la colaboración y apoyo del pedagogo Loris Malaguzzi. Este defiende que el niño posee múltiples maneras de comunicarse (Los 100 lenguajes) y que la educación elimina 99. Los niños son considerados como seres fuertes con un deseo innato de aprender.

En las escuelas Reggio, la experimentación, el arte y la ética van de la mano del proceso de aprendizaje, teniendo un papel fundamental el *Atelier*, un espacio artístico para la libre expresión y experimentación.

En el enfoque Reggio Emilia se habla de los 3 maestros: **El niño,** como protagonista de su aprendizaje.

El espacio, el tercer maestro para Loris Malaguzzi, siendo fundamental que invite al aprendizaje, la experimentación, la comunicación y la investigación.

El maestro, como acompañante guía y colaborador del proceso de aprendizaje.

Desde Reggio siempre defienden que su enfoque y visión de la educación es una filosofía más que una pedagogía.

> Abrirnos al niño y sus procesos se convierte, al mismo tiempo, en una oportunidad para acercarnos al secreto de nuestra propia vida.
>
> Rebeca Wild

ESCUELA ACTIVA. MAURICIO Y REBECA WILD

Los inicios de esta propuesta de educación activa llevada a cabo por Mauricio y Rebeca Wild se remontan a Ecuador donde crearon el "Pesta" que funcionó de 1977 a 2005, a partir de esta fecha reconvirtieron el centro en "León dormido", una comunidad donde madres y padres participan como acompañantes.

En las obras de Rebeca Wild se defiende que los niños deben tener liberta y límites para su desarrollo, además de ser fundamental el respeto de quienes les rodean.

La base de las propuestas de los Wild es muy similar a Montessori, aunque no la siguen estrictamente al pie de la letra, su enfoque es menos directivo (escuela no directiva), los Wild defienden que el aprendizaje se realice de una forma más libre, explorando las posibilidades de los materiales.

También se inspiran en las etapas de desarrollo de Piaget.

Son numerosos los libros que podemos encontrar de Rebeca Wild mostrándonos sus ideas, como entienden ellos la educación y la escuela.

Pero lo que más defienden es que el aprendizaje siempre viene motivado por el propio interés del niño.

> La mejor escuela es la sombra de un árbol.
>
> Rosa Sensat

BOSQUE ESCUELA.

En este tipo de escuelas, la mayor parte de la propuesta educativa se realiza en la naturaleza.

Las escuelas bosque tienen una larga tradición a nivel europeo y es en los años 50 cuando comienzan a surgir en Dinamarca.

En España podemos hablar de escuelas al aire libre, a partir de la Institución Libre de Enseñanza fundada en 1876, por lo que podemos hablar de las primeras escuelas al aire libre a principio del siglo XX.

Se trabaja de una forma vivencial y activa como en las escuelas libres. Tiene una gran importancia el juego libre, la creatividad y la imaginación. Los materiales no estructurados se encuentran en la propia naturaleza y son en ocasiones encontrados por los niños y transformados para tener un valor didáctico.

CAPÍTULO 2

LOS SENTIDOS Y LO SENSORIAL.

"El valor obvio de la educación y del refinamiento de los sentidos, que extiende el campo de percepción, ofrece siempre una rica y sólida base para el desarrollo de la inteligencia."
María Montessori

En la primera infancia podríamos decir que somos todo sensorialidad, percibimos el mundo y toda su información a través de nuestros sentidos.

La actividad mental se inicia a través de las sensaciones que percibimos a través de nuestros sentidos. Por ello, cuanto antes comencemos a exponer a nuestros pequeños a estímulos sensoriales, antes comenzará a trabajar su mente, que de forma innata ya desde el nacimiento viene predispuesta a trabajar y desarrollarse.

¿Sabías que el sentido más desarrollado en los recién nacidos es el olfato? Biológicamente venimos preparados para poder identificar el olor de nuestra madre, por ello el olfato es tan importante en los bebés.

El cerebro humano está formado por alrededor de 86 mil millones de neuronas que se conectan entre sí mediante el proceso llamado sinapsis, son estas conexiones las que facilitan el proceso de aprendizaje.

Debemos tener en cuenta que el cerebro infantil realiza muchas más conexiones que el adulto, por lo tanto cuanto más rico es el ambiente en el que se encuentran los niños, mayor es el número de conexiones que se crean, dando lugar a un aprendizaje más significativo.

Es decir, el entorno o ambiente que rodea al niño y las experiencias que este entorno proporciona, condiciona la forma en que el cerebro se va construyendo a lo largo de la infancia.

ATENCIÓN:

Es fácil caer en la sobre estimulación a través de los espacios, es decir, todos conocemos o tenemos el recuerdo, de aulas cargadas de colores, infinidad de personajes en las paredes, suelos con colores y plásticos...

Los espacios deben estar en armonía con un entorno tranquilo y lo más natural posible. Mobiliario de madera, colores neutros, paredes limpias... favorecen mucho más el aprendizaje y no sobrestimulan a los más pequeños.

¿Somos conscientes y elaboramos nuestra práctica educativa teniendo en cuenta la importancia de un ambiente rico en experiencias sensoriales?

"Deberíamos diseñar espacios para que los niños puedan experimentar, compartir, relacionarse, interactuar con los otros, sentir nuevas sensaciones y evocar otras. Espacios para hacer y deshacer, para crear, para descubrir, para adquirir nuevas habilidades, para aprender y también para equivocarse...".

Cabanellas y Eslava

RECOMENDACIÓN:

"La importancia de ambiente" concepto muy tenido en cuenta y eje centra en ocasiones en pedagogías activas como Montessori, Reggio, Pikler...

Como adultos somos una pieza fundamental para proponer a los niños experiencias que apoyen las necesidades de su desarrollo evolutivo.

Un adulto puede recordar un ambiente, un niño lo absorbe y lo integra.

En la actualidad, los niños pasan demasiado tiempo delante de las pantallas, por lo que esto les está privando de poder disfrutar de experiencias al aire libre, que es el lugar donde podemos experimentar mayores experiencias sensoriales.

Por lo tanto, los niños cada vez practican menos actividades que impliquen experimentación de sensaciones.

Si hacemos la prueba de mirar por la ventana, veremos que hay pocos niños o posiblemente ninguno jugando en la calle o en un jardín.

¿Dónde están los niños?
¿Por qué ya no juegan
con el barro o saltan en
un charco?

¿Estamos perdiendo
experiencias sensoriales
en pro de experiencias
digitales?

SISTEMA SENSORIAL

Exteroceptivos:

Incluyen los sobradamente conocidos 5 sentidos: tacto, olfato, vista, oído, gusto, dolor, sensibilidad... Provienen de la superficie corporal o del entorno que percibe nuestro cuerpo a través de los sentidos.

Interoceptivos:

Hambre, sed, fatiga, nauseas... Serían las sensaciones que provienen del interior del cuerpo, algo "visceral".

Propioceptivos:

Posición, control muscular, dirección, velocidad del movimiento... Nos permite percibir la ubicación, el movimiento y la acción de las partes del cuerpo.

No podemos pensar que solo contamos con "5 sentidos" el cuerpo humano es mucho más complejo y trabajar la sensorialidad de una forma holística en la primera infancia debería ser objetivo principal del curriculum.

A través de los sentidos vamos integrando información en nuestro cerebro, una información multisensorial, ya que normalmente estamos expuestos a diferentes estímulos que aportan diferente información sensorial y la percepción de ellos es única en cada individuo. Por ello, de una misma experiencia sensorial podemos obtener aprendizajes e información totalmente diferente dependiendo de cada individuo, ya sea niño o adulto.

SENSORIALIDAD

La sensorialidad está presente en la vida diaria, en los entornos naturales y en los espacios adaptados y pensados exclusivamente para la estimulación sensorial.

Está presente especialmente en la 1º infancia y por ello es fundamental ofrecer experiencias sensoriales enriquecedoras durante estos primeros años de vida, porque gracias a ello guiaremos a los niños a un aprendizaje consciente y de calidad.

¿Cuál sería el objetivo de la estimulación sensorial?

- Experimentar.

- Explorar.

- Sentir.

- Percibir.

- Interiorizar e identificar las sensaciones y percepciones que se obtienen sobre el propio cuerpo y la realidad exterior.

La forma que tenemos de percibir, sentir y aprender a través de los sentidos y cómo influye en el comportamiento ha dado lugar a numerosos estudios, entre ellos, posiblemente uno de los más importantes es: La *Teoría de la integración sensorial* de la Dra. Jean Ayres.

Esta teoría nos muestra como el funcionamiento neurológico de los niños está directamente relacionado con su comportamiento sensoriomotor y el aprendizaje en general. A través de la integración sensorial somos capaces de comprender y organizar la información del entorno que nos rodea y del propio cuerpo.

Podríamos decir que según la Teoría de la integración sensorial: Cuantas más experiencias sensoriales tengo o recibo de mi entorno y de mi cuerpo, más aprendo; cuantas menos experiencias o más negativas tengo o recibo, menos conozco de mi cuerpo y entorno.

¿Somos conscientes de la importancia de las experiencias sensoriales en la primera infancia para facilitar el aprendizaje en edades posteriores?

¿Ofrecemos a los niños experiencias sensoriales enriquecedoras en sus primeros años?

CAPÍTULO 3

LA IMPORTANCIA DE LA MANIPULACIÓN "LA MANO ES EL INSTRUMENTO DE LA MENTE"

"Con las manos concibe el ser humano su entorno. Ellas son las herramientas ejecutoras de la inteligencia. Las manos son creativas, pueden producir cosas. Los órganos sensoriales y la capacidad de coordinación se desarrollan a través de las actividades manuales".

María Montessori.

neurociencia, son las manos los verdaderos instrumentos de la mente y su desarrollo.

A través de las manos y por lo tanto mediante la manipulación los niños aprenden y descubren el mundo, desarrollando así su inteligencia.

Si pensamos en la primera infancia, los dos hitos que consideramos más relevantes en el desarrolllo psicomotor son: la adquisición de la marcha y el desarrollo del lenguaje.

Pero realmente no serían los hitos más importantes a nivel de desarrollo cognitivo, como ya mostrara María Montessori a principios del S.XX y posteriormente confirmara la

La manipulación es el instrumento a través del cual el niño explora el mundo externo. Es el resultado de una compleja integración en la que participan los sistemas de equilibrio, de lo propioceptivo, lo motor y, particularmente, la coordinación de la mano en relación con la vista (coordinación óculo-manual).

La coordinación óculo-manual es un concepto bastante conocido por lo que nos dedicamos a la educación infantil, es uno de los pilares a tener en cuenta en programaciones, pero bien es cierto que muchas veces no somos conscientes que trabajar la manipulación de una forma libre nos lleva al desarrollo de la coordinación óculo-manual de forma simple y natural para los más pequeños.

Abandonemos el concepto de "enseñar" por "acompañar", podemos ofrecer las herramientas y acompañar en el proceso de descubrimiento y aprendizaje de los niños.

¿Cómo favorecer la manipulación y experimentación en los niños?

"Menos móviles y más tiempo en familia, menos juegos de consola y más bicicleta, menos recompensas materiales y más muestras de cariño, menos televisión y más paseos en la montaña observando la naturaleza, menos ruido y más silencio. Aprendiendo".

Catherine L'Ecuyer en Educar en el asombro.

Desde la primera infancia podemos favorecer la manipulación y experimentación en los niños, ofrecer elementos, materiales y experiencias que estimulen su innato proceso de aprendizaje.

No es necesario caer en el consumo desmesurado de materiales, de forma natural y orgánica el niño desea experimentar, desea manipular y sabe perfectamente cómo hacerlo.

Ofrecer experiencias manipulativas y sensoriales a los niños en su primera infancia podemos pensar que resulta algo complejo, pero nada más lejos de la realidad, tenemos infinitas posibilidades a mano de nuestros niños.

Desde los primeros meses de vida, podemos ofrecer elementos que sean sencillos de manipular y a la vez ofrezcan información sensorial a los niños, es decir, el sentido del tacto les aporta información, por lo que debemos tratar de ofrecer materiales que contribuyan a su aprendizaje.

Son pequeños poemas acompañados de movimientos específicos de dedos, manos y en ocasiones el curso. Son un instrumento maravilloso para el desarrollo motor de las manos, la coordinación, la atención, el lenguaje... Podemos trabajar con ellas desde los primeros meses de vida.

¿Cómo de importante
es la manipulación
en tu aula?

¿Se trabaja a diario con las manos mediantes propuestas destinadas para ello?

¿Trabajáis movimientos específicos de las manos mediante canciones o rimas?

Materiales e información sensorial

En un mundo dominado por el plástico, debemos ser conscientes que no es el material que ofrece más información sensorial, sino más bien al contrario. Materiales ricos en información sensorial:

- Lana.
- Madera.
- Metal.
- Esponjas.
- Telas.
- Elementos de la naturaleza.
- Alimentos.
- Espejos.
- Hielos.
- Corcho.

Crear elementos seguros pero que a la vez aporten información sensorial, es en ocasiones uno de nuestros grandes quebraderos de cabeza, pero la observación y conocer el momento y fase que se encuentran nuestros niños, nos aportaran la clave.

¿CÓMO PODEMOS SELECCIONAR/ELEGIR MATERIALES RICOS EN INFORMACIÓN SENSORIAL?

- ¿En qué etapa evolutiva se encuentra el/los niños?

- ¿Es adecuado el material en esta etapa concreta?

- ¿Es seguro para emplear con niños? ¿Puede ocasionar algún peligro?

- Cuando lo tocamos y manipulamos ¿recibimos algún tipo de información sensorial? Frio/calor, texturas, estimulación visual...

- ¿Favorece al desarrollo del/ de los niños?

- ¿Es un material que pueda emplear y reciclar para diferentes propuestas?

- ¿Por qué me he decantado por este material?

- ¿Es de fácil acceso este material?

NECESIDADES DE LA PRIMERA INFANCIA

- Seguridad del entorno.

- Vínculos seguros con sus figuras de referencia.

- Movimiento libre y autónomo.

- Apego y vínculos seguros.

- Ritmos y rituales.

- Desarrollo lingüístico y cognitivo.

- Estimulación sensorial.

- Jugar.

PRIMEROS CONTACTOS CON LA ESTIMULACIÓN SENSORIAL. BEBÉS.

Desde los primeros meses de vida podemos ofrecer una rica estimulación sensorial y experiencias cargadas de asombro a los niños, en ocasiones con actividades cotidianas que realizamos cada día.

- Actividades kinestésicas.

- Cuentos leídos y cantados.

- Elementos sonoros a diferentes distancias.

- Experimentación con comida.

- Rimas cantadas.

¿CONOCÉIS EL BLW ("BABY- LED WEANING")?

El sistema de alimentación basado en la autorregulación de los niños, además de estar demostrado sus múltiples beneficios, este tipo de alimentación ofrece auténticas experiencias sensoriales, a través de los alimentos.

¿CONOCES LOS "MÓVILES DE BRUNO MUNARI?

Son una maravilla visual para los primeros meses de vida.

- Masajes.

- Baños sensoriales.

- Tarjetas de estimulación visual.

- Mantas de suelo con diferentes texturas.

- Sonidos a diferentes ritmos.

- Nanas.

CAPÍTULO 4

LABORATORIOS SENSORIALES Y JUEGO

LABORATORIOS SENSORIALES

S on propuestas diseñadas para alcanzar un aprendizaje significativo y activo en los niños de educación infantil, a través fundamentalmente de experiencias sensoriales y manipulativas no dirigidas.

Su base es el juego libre, la experimentación y el asombro.

41

¿POR QUÉ LABORATORIOS SENSORIALES?

Me gusta llamar a las propuestas sensoriales que hago así, porque el proceso que se realiza cuando se diseñan y piensan estas propuestas, se asemeja mucho al trabajo científico, es decir, inspirándome en M. Montessori, se sigue un método científico.

Observamos: Se identifican los intereses de los niños o definimos un centro de interés.

Planteamos una hipótesis: Diseñamos una propuesta y definimos cuales son nuestras ideas respecto a dicha propuesta, es decir, qué pensamos o cuales pensamos que serán las reacciones y posibles comportamientos que se realizarán.

Experimentamos: Se lleva a cabo la propuesta.

Obtenemos conclusiones: A través de la observación y la documentación, obtenemos nuestros resultados.

¿QUÉ PUEDE INSPIRARNOS PARA ELABORAR PROPUESTAS SENSORIALES?

Existen muchas posibilidades e ideas que nos pueden inspirar para crear diferentes propuestas sensoriales.

Antes de diseñar una propuesta debemos tener en cuenta:

- Recursos con los que contamos.

- Materiales que podemos disponer.

- Espacio donde se va a desarrollar la propuesta.

- Edad del grupo.

- Tamaño del grupo al que va destinado.

Nos podemos inspirar con muchísimas ideas, por suerte vivimos rodeados de recursos digitales, libros, material audiovisual que nos pueden aportar miles de ideas.

Personalmente el arte y la naturaleza me inspiran mucho a la hora de crear diferentes propuestas.

ARTE:

Desde que un niño nace, uno de los instintos que como adultos nos surge es el de jugar, habitualmente hacemos un juego orgánico y artístico: cantamos, bailamos, usamos telas, pintamos, hacemos juegos de manos... Por lo tanto los niños vivencian el arte desde sus primeros meses de una forma libre. Pensar y diseñar propuestas inspiradas en el arte: obras pictóricas, música, literatura... es algo que de forma natural acompaña al proceso que ya se venía viviendo desde su nacimiento y que además le hace familiarizarse con su propio entorno cultural y social.

Uno de los recursos que más suelo emplear para crear propuestas son los cuentos infantiles.

Además siempre me gusta acompañar las propuestas de música, considero que crea un buen ambiente para los niños, aunque no empleo la llamada "música infantil".

NATURALEZA

La naturaleza debería ser el entorno donde más tiempo pasaran los niños, actualmente nuestra sociedad cada vez está más alejada de la naturaleza y sus ciclos, pero es cierto que el espacio donde más disfrutan los niños es en la naturaleza. Por ello inspirarnos en sus colores, formas y emplear sus elementos es una forma de acercarles y dar a conocer su propio entorno.

Si reflexionamos sobre esta idea, nos damos cuenta que muchas de las áreas recogidas en el curriculum de educación infantil se pueden trabajar a través de las propuestas sensoriales y manipulativas.

¿Podemos trabajar ciencia a través de una propuesta sensorial? Si, os dejo una receta del trabajo con una reacción química.

VOLCANES ARCOIRIS

Con esta receta trabajamos una reacción química de forma sensorial y manipulativa.

Materiales:

- Vinagre.
- Colorante Alimentario.
- Bicarbonato.
- Vasos y pipetas.

Ponemos en los vasos bicarbonato mezclado con colorantes alimentarios, luego ponemos un vaso un vinagre y dejamos unas pipetas. Cuando los niños empiecen a manipular y agreguen vinagre a los vasos con bicarbonato, verán cómo se produce una explosión de color efervescente muy visual y que sorprende mucho. ¡Estamos trabajando ciencia de forma manipulativa!

Materiales que podemos emplear para realizar propuestas sensoriales (laboratorios sensoriales)

SOPORTES FÍSICOS:

Bandejas sensoriales.

Cubo sensorial.

Mesa de luz.

Luz negra.

Suelo.

Espacio al aire libre.

BASES SENSORIALES:

Legumbres.	Papel.
Arroz.	Perlas de tapioca.
Maíz	Agua.
Quinoa.	Fluido No Newtoniano.
Cuscús.	Telas.

Elementos de la naturaleza: hojas, palos, piedras, arena, agua...

Materiales: Cuando empleamos materiales que son alimenticios, siempre es necesario revisar las posibles alergias que podamos encontrar en nuestro grupo o si alguno de esos alimentos aún no han sido introducidos en la alimentación de los niños.

Recoger como parte del proceso, en muchas de las propuestas a la hora de recoger, los niños son una parte activa de este proceso, ya que a través de esto también fomentamos aprendi-zajes, cuando recogemos la clasificación entra en juego, es decir el pensamiento matemático comienza a activarse, la espera, la conciencia del cuidado del material y el orden.

48

El juego es un derecho de la infancia.

El juego en educación infantil es la base del aprendizaje significativo, el juego es motivación y esta es el motor del aprendizaje.

A través del juego los niños exploran, descubren, sienten, experimentan y aprenden.

Cuando se elige libremente.

Cuando está autodirigido.

¿CUÁNDO ES JUEGO LIBRE?

Cuando ha nacido de una motivación intrínseca.

¿DESDE CUÁNDO NO JUEGAS?

Cuando realizo una propuesta de laboratorio sensorial, siempre me enfrento a la posibilidad de que algún niño no tenga ningún interés en participar en la propuesta, puede parecer frustrante, pero teniendo en cuenta que la base de esta propuesta es la libre experimentación y el juego, hay que tener en cuenta que es juego libre.

Cuando realizo propuestas, disfruto pensándolas y creándolas, me gusta ver la combinación de los elementos, los colores, su disposición y disfruto imaginando las caras de los niños cuando vean esa propuesta. Para mí también es jugar, porque tengamos la edad que tengamos, nos encanta jugar y nunca deberíamos dejar de hacerlo. Quizás en ocasiones pensamos que ya somos "mayores" para jugar o que se nos ha olvidado, pero no dejéis que esto os impida hacerlo, permitiros jugar, siéntete libre.

¿POR QUÉ JUGAR?

Francisco Mora, experto en neuroeducación, nos dice que *el juego es el disfraz del aprendizaje* y al igual que él otros muchos lo han afirmado. El juego libre nos lleva a desarrollar pensamiento abstracto y desarrollar funciones psicológicas superiores, además de acompañar al desarrollo de la creatividad., autonomía, concentración, comunicación, respeto de los tiempos...

El juego libre surge de la espontaneidad y la curiosidad natural de los niños, es un juego sin reglas que les permite descubrir y desarrollar sus capacidades.

TIPOS DE JUEGOS:

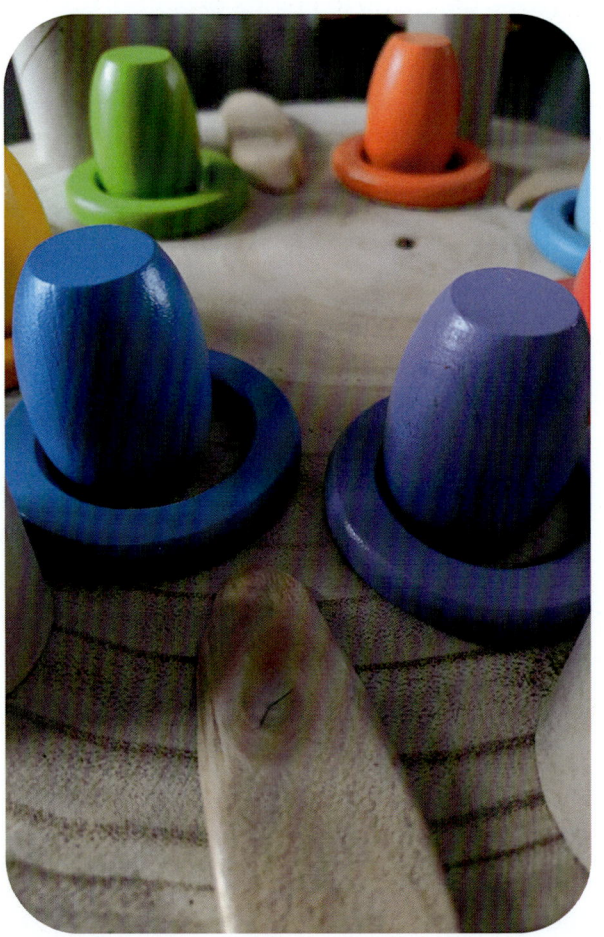

50

El juego se puede dividir en estructurado o no estructurado, también podemos hablar de juego libre o juego dirigido. Las propuestas sensoriales o laboratorios sensoriales de los que os hablo como podéis imaginar entran dentro del juego no estructurado y/o no dirigido.

HAY DIFERENTES TIPOS DE JUEGO:

Simbólico

Representa personajes o situaciones de la vida cotidiana, se desarrolla la creatividad, imaginación y la fantasía.

Motor

Se desarrolla con el propio cuerpo y es posiblemente el primer juego que realiza un niño.

De reglas

Juego con normas pero que pueden ser cambiadas, a través de este juego los niños aprenden a respetar turnos y normas.

Sensorial

Experimentar objetos y materiales sobre todo con las manos u otras partes del cuerpo.

De construcción

Favorece la creatividad, la coordinación, el pensamiento matemático y la resolución de problemas.

Funcional

Funciones motoras que les ayudan a explorar los objetos que les rodean y sus propiedades.

Conforme los niños van creciendo el tipo de juego se modifica, no podemos pensar que ante una misma propuesta un niño de 2 años va a actuar igual que un niño de 5, sus formas de juego varían, su esquema mental también por lo que nuestras expectativas no pueden ser las mismas.

ETAPAS DEL JUEGO J. PIAGET

Según Piaget las fases del desarrollo cognitivo de los niños se dividiría en 4 etapas:

FASE SENSORIOMOTORA (hasta los 2 años aprox.). Predomina el juego sensorial y de exploración a través del propio cuerpo, a partir de 1 año, se empieza a observar el juego de construcción.

FASE OPERACIONES FORMALES (a partir de los 12 años aprox).

FASE DE OPERACIONES CONCRETAS (de los 6 a los 12 años aprox.).

FASE PREOPERACIONAL (de los 2 a los 6 años aprox.). Comienza a producirse el juego simbólico, además alrededor de los 3-4 años empieza a desaparecer el juego en paralelo, para empezar a desarrollar juegos con sus iguales, juego cooperativo.

El niño tiene la necesidad de curiosear, de explorar y de jugar. Un niño juega por el propio placer de jugar, pero además este juego posibilita y regala un desarrollo cognitivo, afectivo, físico y social en la infancia.

53

CAPÍTULO 5

RECURSOS SENSORIALES Y MANIPULATIVOS

Nos adentramos en el infinito mundo de los recursos sensoriales y manipulativos que podemos emplear con los niños de educación infantil, la mayoría de ellos pueden usarse y estar en casa, además de por supuesto en la escuela.

Por suerte cada vez más podemos acceder a estos recursos, son más sencillos de encontrar y también cada vez más nos encontramos con posibilidades similares en el mercado que nos pueden ser de la misma utilidad.

Las propuestas que se crean en los espacios o laboratorios sensoriales, como me gusta llamarlos, son siempre propuestas abiertas y no dirigidas.

Por lo tanto, no es recomendable marcarnos unos objetivos fijos, ya que los resultados son impredecibles, es mejor plantear una posible hipótesis (como en el método científico) pero ver cómo evoluciona la propuesta y comprobar si se cumple o no nuestra hipótesis.

BANDEJAS SENSORIALES

Las bandejas senso-
riales son recipientes
destinados a conte-
ner elementos para
la exploración y la
manipulación sen-
sorial. Las podemos
emplear en provo-
caciones, aulas mul-
tisensoriales, instala-
ciones, mini mundos
o crear una propues-
ta sensorial con una
bandeja o varias.

Dentro de la gran
cantidad de posibi-
lidades para crear
bandejas sensoria-
les, las más emplea-
das o conocidas ac-
tualmente serian:

TUFF TRAY

Es una bandeja de plástico de grandes dimensiones, con bordes elevados para poder contener todo tipo de bases sensoriales y favorecer la experimentación, la provocación, el descubrimiento.

Su origen parte de ambientes educativos anglosajones, especialmente el Reino Unido, donde es un material muy empleado tanto en infantil como en primaria.

Tiene enormes posibilidades y al ser de gran tamaño facilita que el un gran grupo de niños puedan experimentar con ella.

Al ser un material cada vez más conocido y demostrado sus posibilidades a nivel de desarrollo sensorial, cada vez más podemos encontrar opciones similares en el mercado.

Dentro de una propuesta sensorial, podemos emplear una o más Tuff Tray, además de combinarlas con otros elementos sensoriales.

Materiales y bases que podemos usar en la bandeja Tuff Tray.

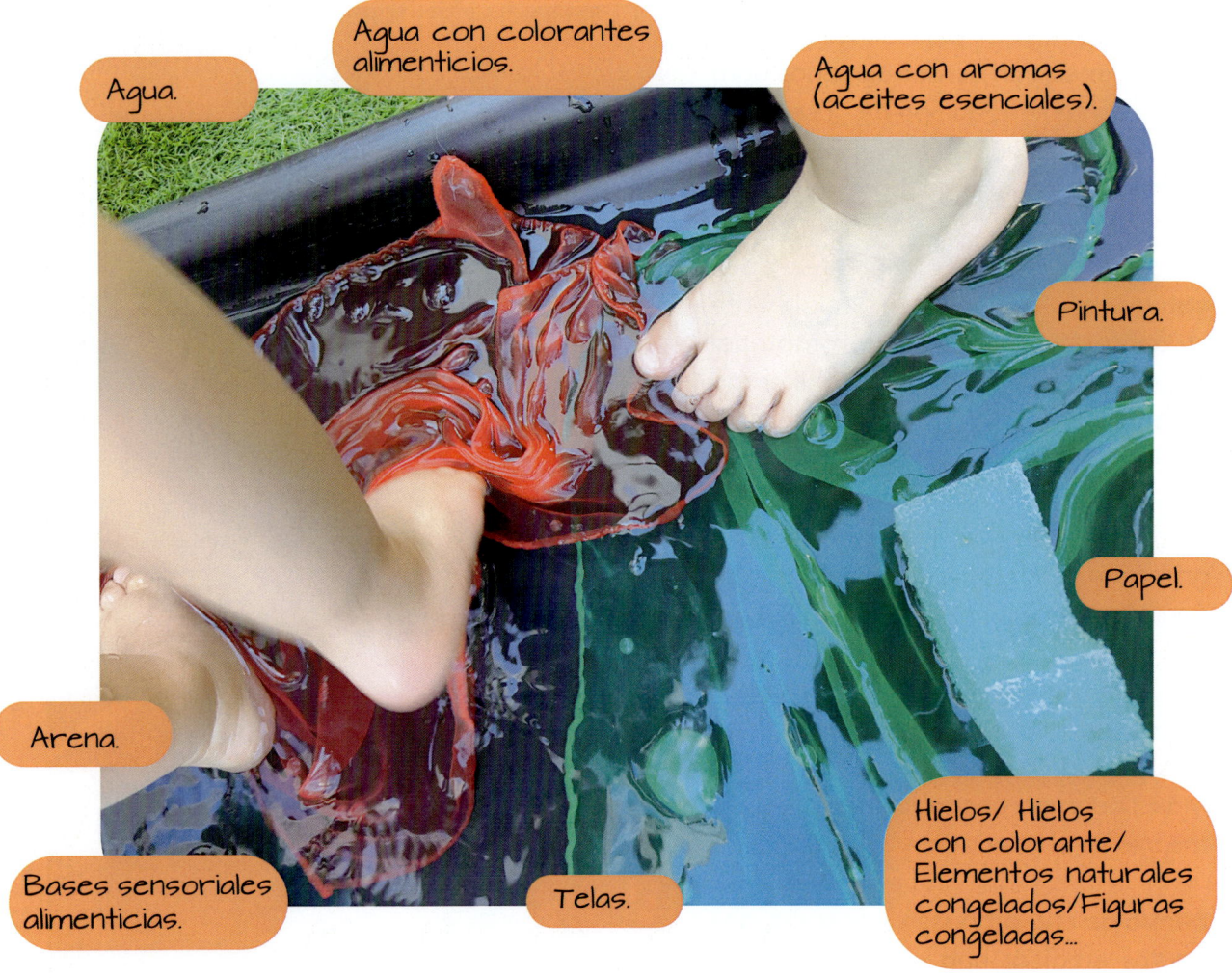

Agua.

Agua con colorantes alimenticios.

Agua con aromas (aceites esenciales).

Pintura.

Papel.

Arena.

Bases sensoriales alimenticias.

Telas.

Hielos/ Hielos con colorante/ Elementos naturales congelados/Figuras congeladas...

Bandeja de tamaño medio, redonda con diferentes compartimentos, independientes y extraíbles. Favorece el juego y la clasificación, además de ser un gran instrumento para la elaboración de mini mundos sensoriales, propuestas en las que se puedan mezclar diferentes bases u elementos.

Es una de las bandeja sensoriales que nos ofrece muchas posibilidades de uso e ideas, actualmente podemos encontrar muchísimas ideas para realizar con esta bandeja, que además presenta muchos complementos que hay en el mercado para poder emplearlos con ella.

Al igual que con la bandeja Tuff Tray, con la Play Tray podemos usar infinidad de materiales y bases sensoriales, siempre es importante tener en cuenta las necesidades y momentos evolutivos de los peques, para conseguir que sea una propuesta segura a la vez que estimulante.

Es quizás una de las más conocidas por todos, en muchísimos lugares podemos encontrar propuestas realizadas con esta mesa, que tiene la peculiaridad de que dispone de dos bandejas incrustadas en la mesa, que se pueden tapar y destapar según las necesidades, además han ido surgiendo accesorios relacionados con esta mesa, que la hace realmente súper interesante.

Tiene una altura de unos 50cm, por lo que puede ser usada por los niños de pie, favoreciendo el libre movimiento en la experimentación, no sería la más apta para usar con bebés teniendo en cuenta sus medidas.

IDEA:

Si necesitas una bandeja o varias bandejas sensoriales grandes o de diferentes tamaños para tus propuestas (jugar con diferentes tamaños es fantástico), puedes comprar: platos para macetas en cualquier bazar o tienda especializada, son un recurso fantástico que nos dan resultados increíbles.

BASES SENSORIALES QUE PODEMOS UTILIZAR:

Legumbres.

Pastas.

Arroz (natural o teñido).

Maíz.

Gelatinas.

Hielos y también hielos de colores.

Harina.

Chía.

Agua con colorante.

Bolas de hidrogel (cuidado con qué edades se utilizan porque son tóxicas y debemos estar seguros de que no se van a ingerir).

Perlas de tapioca.

Arena.

Hojas.

Os recomiendo también siempre, revisar las alergias que tengáis entre vuestros peques, ¡es muy importante!

62

La pedagogía de la luz se basa en experiencias sensoriales y vivencias a través de la experimentación con la luz y sus posibilidades, se apoya en diferentes campos como la ciencia, el arte, la creatividad, el pensamiento divergente, el asombro, la curiosidad...

A través del juego con la luz, los niños investigan las propiedades de la luz y el color de una forma natural.

Dentro del enfoque Reggio Emilia, la pedagogía de la luz tiene una gran importancia dentro de sus ambientes y sus Ateliers, se puede decir que es su gran exponente.

La luz y sus efectos nos atrae de forma natural a niños y adultos, jugar con la luz, experimentar e incluso asombrarnos con la luz, nos lleva a estados de concentración y atracción.

¿Quién no se ha fascinado al descubrir un arcoíris de luz que se cuela por una ventana? ¿O jugando con su propia sombra junto a una lámpara?

MESA DE LUZ

Es una superficie luminosa puede estar incrustada en una caja o mesa, o puede ser solo un modo tableta luminosa. Se pueden encontrar de diferentes tamaños y formas, de hecho hay incluso estructuras redonda tipo mesa luminosa.

La mesa de luz es un instrumento que atrae muchísimo a los niños (también a mayores), les aporta grandes experiencias sensoriales y transforma los materiales que se emplean en ella dándole otra dimensión y perspectiva.

IDEAS

En la mesa de luz podemos emplear diferentes tipos de materiales y recursos.

Líquidos en un recipiente transparente que permita pasar la luz.

Arena.

Bases sensoriales.

Flores naturales prensadas.

Frutas deshidratas.

Hielos.

Elementos creados con acetato.

Formas de papel celofán.

Bolsas con líquidos y aceite.

Espejos.

Bastidores con papel celofán de colores.

Plásticos translucidos o celofán plastificado.

Las posibilidades son infinitas y tenemos garantizado el cambio de dimensión del material y el asombro de quien lo manipula. Es una gran aliada del aprendizaje, proporcionando una gran cantidad de experiencias sensoriales.

RECOMENDACIÓN: Podemos encontrar muchísimas ideas para construir nuestra propia mesa de luz, pero es recomendable tener en cuenta que cumpla con todo lo necesario para ser segura para visión, ya que la vamos a emplear con niños de primera infancia y la seguridad es ante todo lo principal.

La luz negra no es más que un foco de luz ultravioleta que permite que resalten los colores fluorescentes.

Al crear un espacio con luz negra, el ambiente cambia por completo, las formas, colores e incluso las sensaciones son muy atrayentes. Favorece la experimentación, sobre todo, proporcionando una gran experiencia sensorial, que todo el que la vive, define como mágica.

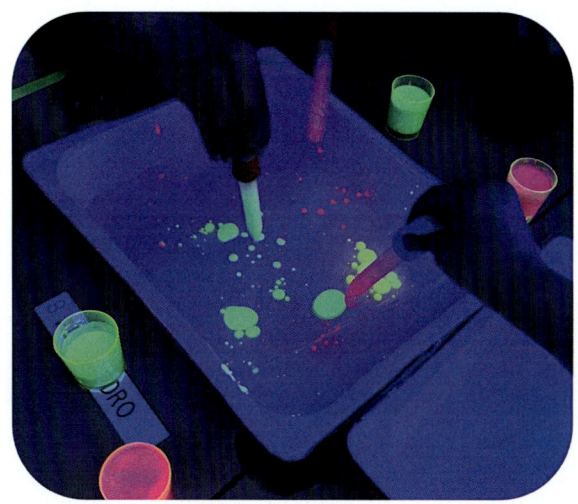

Encontrar luz negra es bastante sencillo, en tiendas de iluminación, internet... depende del espacio en el que queramos trabajar necesitaremos más o menos luces/focos.

Una simple clase o habitación de casa, se puede transformar por completo gracias a la luz negra.

CONSEJO/APORTACIÓN PERSONAL:

Personalmente si vamos a trabajar luz negra con niños de primera infancia, no la usaría hasta a partir de los 2 años y siempre suelo dejar entrar algo de luz natural, afectará mínimamente al resultado.

MATERIALES PARA USAR LUZ NEGRA:

- Cartulina fluorescente.
- Foam fluorescente.
- Pintura fluorescente.
- Vasos, cucharas, platos fluorescentes.
- Botes con colorante fluorescente.
- Bases sensoriales teñidas con pintura fluor.
- Rotuladores, pinturas, plastilina fluor...
- Construcciones fluorescentes.

RECOMENDACIÓN:

El juego con la luz se puede realizar también a través de ventanas, cristales... solo debemos observar las posibilidades de nuestro espacio y dejarnos inspirar por la luz, los resultados siempre suelen ser increíbles.

¿Habéis probado a jugar con linternas y pañuelos o bloques translúcidos? Es una experiencia increíble, cargada de sensorialidad y magia, que podemos hacer solo bajando las persianas o cerrando las cortinas de nuestro espacio.

CUBO SENSORIAL

Podemos encontrarlos de diferentes tamaños: 60x60cm, 100x100cm, 120x120cm...

Es un material realmente vistoso que siempre sorprende, debido a su tamaño, su forma y la posibilidad de interaccionar directamente con él, pudiendo entrar dentro, tocarlo, moverlo...

Jugar dentro del cubo les ofrece una gran cantidad de oportunidades para el aprendizaje: coordinación espacial, seguridad, control del espacio y las dimensiones...

Ofrece la posibilidad de crear un espacio sensorial de juego y aprendizaje, donde las temáticas pueden ir cambiando y modificando los diferentes elementos que se emplean en el cubo.

El cubo sensorial es una estructura en forma de cubo, generalmente de madera, aunque cada vez más los podemos encontrar de PVC o plástico. También los podemos encontrar desmontables que nos son muy útiles si no tenemos un espacio fijo para crear las propuestas o si queremos cambiar de escenario dependiendo de la intención del cubo que vayamos a realizar.

CONSEJO:

Emplear un tema como eje central para diseñar y crear un cubo sensorial, puede servirnos de inspiración y facilitarnos el proceso de creación. Ejemplo: Cubo sensorial de las abejas.

71

Otras de las grandes propuestas para aprendizaje activo y sensorial en educación infantil serían las instalaciones y provocaciones.

Las provocaciones son propuestas de experimentación y juego que relacionan sensaciones y mente, están basadas en la teoría de las piezas sueltas de Simon Nicholson y en los ateliers de Reggio Emilia.

Son una disposición de materiales, previamente deliberados y pensados por el adulto, siguiendo un orden y estética. A partir de aquí entra en juego la curiosidad innata de los niños y sus ganas de experimentar y explorar, siendo estas las que les llevan a descubrimiento mediante la manipulación de los materiales, si estos les atraen.

El adulto no interviene en la propuesta de forma directiva, es decir: no indica que hay que hacer, ni como manipular los diferentes elementos que se incluyen.

Dentro de las provocaciones podemos emplear muchos de los recursos que hemos nombrado anteriormente: bandejas sensoriales, mesas sensoriales, cubo sensorial...

Son propuestas que podemos crear a diario en nuestra aula con diferentes temáticas y fomentar con ellas el juego libre y el descubrimiento.

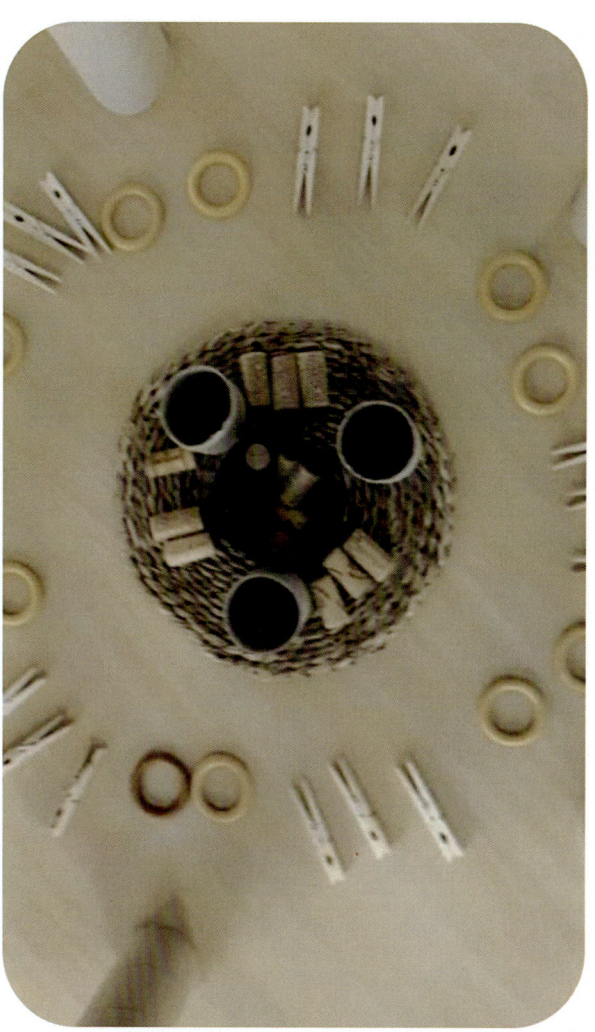

El Atelier es un entorno que promueve el conocimiento y la creatividad, son uno de los ejes fundamentales de la metodología Reggio Emilia, donde la belleza, el cuidado del espacio y de la estética son fundamentales.

Normalmente los Ateliers dentro de las escuelas tienen un espacio dedicado exclusivamente a ellos, en las escuelas Reggio la persona encargada del atelier es una persona con formación artística.

El Atelier se considera un lugar de investigación, un laboratorio de creatividad.

En una escuela no es normal contar con un espacio de Atelier ni un tallerista que sea el encargado, pero se puede adaptar algún espacio para crear instalaciones que evoquen los atelier y su finalidad, que no es otra que facilitar que los niños se expresen, descubran, exploren, creen, construyan, sientan...

Para ello podemos realizar las llamadas instalaciones de juego.

Las instalaciones de juego cada vez están cobrando más protagonismo en las propuestas educativas, tanto dentro como fuera del aula, ya que son muy versátiles y podemos conseguir resultados muy interesantes.

ESPACIOS DONDE REALIZAR INSTALACIONES DE JUEGO

DENTRO DEL AULA:

Si no disponemos de otro espacio, podemos realizarlas dentro del mismo aula, pero es cierto que no es el espacio más recomendable por varios motivos: debemos evitar la mayoría de distracciones (si somos capaces de quitar el mobiliario y materiales de la clase, no es un gran problema) y el que personalmente considero muy importante, al ser un espacio de sobra conocido para los niños, el asombro suele aparecer, porque aunque tengamos una gran instalación, el entorno les es absolutamente familiar.

SALA DESTINADA A PROPUESTAS:

Sería lo "ideal", ya que son espacios diáfanos, que carecen de distracciones y además no son visitados a diarios por los niños. En estas salas podemos crear instalaciones de diferentes temáticas y con una gran cantidad de materiales.

PATIO DE LA ESCUELA:

Si tenemos la suerte de disponer un patio amplio en nuestra escuela, este puede ser empleado para crear instalaciones de juego, es cierto que sería un entorno "menos controlado" por lo que sería algo más complicado la presencia y atención, además de que existen más distracciones en el medio abierto.

PARQUE:

Muchos espacios de juego suelen emplear espacios abiertos para desarrollar sus propuestas, los espacios abiertos son muy interesantes cuando tenemos buen clima y porque los niños estarían en contacto directo con la naturaleza, aunque si es cierto que sería un espacio poco controlado.

LUDOTECA O SALA EN UN ESPACIO INFANTIL:

Existen múltiples espacios infantiles donde se pueden realizar instalaciones de juego, muchos de ellos tienen salas dedicadas exclusivamente a estas instalaciones.

¿QUÉ MATERIAL ES SE PUEDEN EMPLEAR EN LAS INSTALACIONES DE JUEGO?

Materiales reciclados:

Cartones.

Papel.

Tubos de cartón.

Tubos de plástico.

CD's.

Trozos de tela.

Materiales de la naturaleza:

Hojas.

Piedras.

Trozos de madera.

Flores naturales o prensadas.

Materiales destinas a infancia o fiestas.

Aros, pelotas, cintas...

Decoración de navidad.

Decoración de carnaval.

Piezas de juego.

Globos.

¿CÓMO COLOCAR LAS INSTALACIONES?

A la hora de realizar una instalación de juego, personalmente me gusta crear un diseño previo, ya sea en papel o en ocasiones mentalmente. Esto me permite visualizar la propuesta y organizar la disposición de los materiales, es fundamental que una instalación de juego sea estéticamente bella, ya que si seguimos la premisa de los ateliers en Reggio, es fundamental la estética y la belleza.

Cuando realizo un diseño previo en papel, suelo anotar los elementos que voy a usar, incluso intento dar color, para observar el posible resultado, ver si se asemeja a mi idea y si cumple la hipótesis que se ha planteado.

Por ello existen ciertas formas para disponer los materiales de la instalación que nos pueden ayudar, según el libro de Javier Abad, "El juego simbólico".

- Círculo.

- Cuadrado.

- Espiral.

Particularmente la forma circular es la que más suelo emplear, me genera visualmente más conexión entre los elementos y he comprobado que suele conectar muy bien esta disposición con los niños.

Suelo emplear una estructura tipo mándala.

¿QUÉ TEMÁTICAS PODEMOS EMPLEAR?

Las temáticas en las instalaciones de juego pueden ser muy variadas, siempre podemos encontrar una forma de crear una instalación relacionada con la temática que queramos trabajar, solo es cuestión de pensar que elementos queremos incluir, cuales son nuestros objetivos y crear un diseño previo.

NATURALEZA.

ARTÍSTICAS.

TEMÁTICAS CULTURALES Y FESTIVAS: NAVIDAD, CARNAVAL, HALLOWEEN...

MUSICALES.

LITERATURA INFANTIL.

CAPÍTULO 6

HACIA UN CAMBIO DE MIRADA

"Para el niño no es insoportable andar solo con una bota y el otro pie descalzo, ya sea sobre hierba mojada, barro o piedras. Para él lo importante es caminar".

Andre Stern.

Una vez llegados a este punto es hora de hablar de lo que quizás es más importante para mí en esta forma de entender la educación infantil, no son las propuestas, ni las bases sensoriales, ni el cómo creamos con mayor o menor gusto estético nuestras instalaciones o provocaciones.

Lo más importante es el cambio en la mirada hacia la infancia y sus procesos en educación infantil.

De nada sirve tener propuestas sensoriales bellísimas cargas de intención pedagógica si detrás de ella no hay un respeto máximo a la infancia y sus procesos, además de un profundo conocimiento de las necesidades y las fases del desarrollo infantil.

Las pedagogías activas nos han abierto las puerta a un mundo más manipulativo, sensorial y creativo en la educación, pero también nos han mostrado la importancia del respeto, del conocimiento de la llamada "cultura de la infancia", de ese universo cargado de emociones y aprendizajes que es la niñez.

Cuando nos adentramos en el fascinante mundo de las pedagogías activas (también llamadas en ocasiones pedagogías respetuosas), nuestra mente siente que está viviendo un cambio, todo lo que hemos aprendido, todo lo que nos han explicado y todo lo que hemos vivenciado en nuestra propia edad escolar, toma otra dimensión.

Nos empezamos a cuestionar hasta donde queremos llevar el cambio, hasta donde estamos dispuestos a cambiar nosotros mismos, porque indudablemente una vez que entras en el mundo de la educación respetuosa y activa, no hay vuelta atrás.

Mi propia experiencia en una escuela activa me hizo cuestionarme mi camino en la educación, mi propia forma de relacionarme con la cultura de la infancia y también me hizo pensar qué me hubiera gustado encontrarme a mí en mi vida escolar.

CULTURA DE LA INFANCIA:

Desde una mirada antropológica hacia la infancia, esta tiene un conjunto de rasgos distintivos, poseen su propia forma de vivir, aprender, hacer y relacionarse con el entorno que le rodea y con el mundo, lo que les hace ser una cultura con todas sus peculiaridades y todo su simbolismo.

Podemos crear propuestas con infinitas cantidades de materiales, tenemos a nuestro alcance gran cantidad de recursos, pero el fin de estas propuestas debe ser siempre el acompañar el proceso de aprendizaje de los más pequeños, tenemos la gran oportunidad de ser figuras presentes y acompañantes del proceso de aprendizaje más importante en la vida de una persona.

¿QUÉ DEBEMOS TENER EN CUENTA AL PREPARAR LAS PROPUESTAS?

Debemos ser conocedores del momento evolutivo en el que se encuentran inmersos nuestros peques, así como conocer cuáles son sus centros de interés.

CENTROS DE INTERÉS:

Concepto usado y desarrollado por Decroly, centrándose en el concepto de globalización se formulan los "centros de interés" el niño aprende lo que le interesa según sus necesidades. ¿Cómo identificamos los centros de interés? Mediante:

> OBSERVACIÓN.

> ASOCIACIÓN.

> EXPRESIÓN.

OBSERVACIÓN:

Es nuestra gran herramienta en la educación infantil gracias a la observación podremos identificar:

> NECESIDADES FÍSICAS. INTERESES.

> MOMENTO EVOLUTIVO/ PERIODO SENSIBLE.

> NECESIDADES EMOCIONALES.

De los 0 a los 6 años, se producen los aprendizajes más importantes y se siembran las
semillas del adulto futuro, analizándolo fría-
mente, todos los que estamos presentes de
forma activa en la educación infantil, tenemos una enorme responsabilidad, la cual debemos proteger y cuidar.

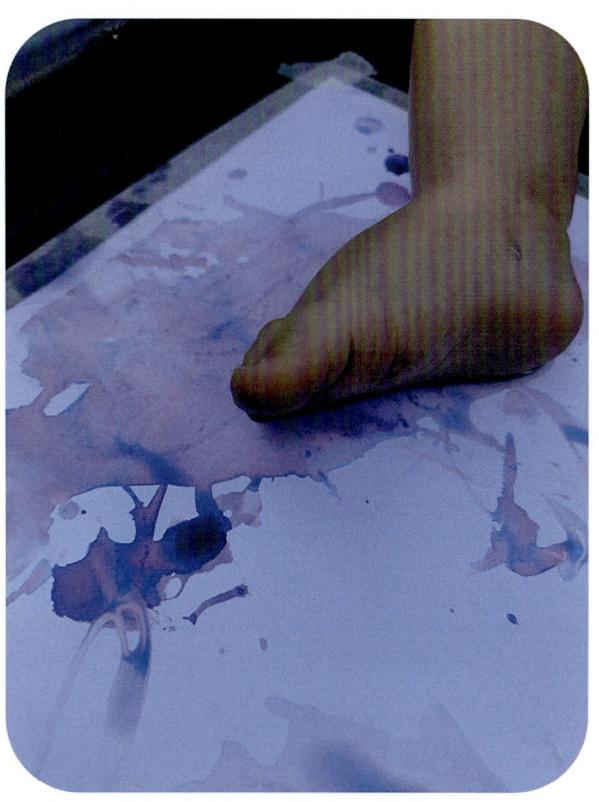

"Todos los aprendizajes
más importantes de la vida
se hacen jugando, en la
primera etapa de la vida, de
los cero a los seis año".
Francesco Tonuci.

La era digital nos permite tener acceso a una enorme cantidad de cuentas en redes sociales, realmente creativas que nos aportan ideas e inspiración.

Tenemos además entre nuestras manos muchísimas publicaciones que nos hablan y muestran la indudable importancia de lo manipulativo y lo sensorial para el desarrollo, pero todo esto carece de sentido si no nos hemos adentrado en el conocimiento profundo del desarrollo y de las necesidades de la primera infancia, de cómo enfrentarnos a estas necesidades y de cómo respetarlas a pesar de estar inmersos en una sociedad que cada vez es menos tolerante con los ritmos y rituales infantiles.

Debemos tener claro que, quizás algunas de nuestras propuestas no tendrán el resultado esperado, a lo mejor el día señalado para determinada mesa de luz, es el día en el que todos nuestros peques están cansados, llegará el día que un maravilloso cubo sensorial vuele por los aires o que varios peques se dediquen a comer nuestra base sensorial teñida con colorante alimentario brillante, pero en eso reside la infancia, en su enorme espontaneidad y en sus innatas ganas de aprender y descubrir, aunque en ocasiones pensemos

que nuestro trabajo no ha valido para nada o que nuestra propuesta ha sido un fracaso.

La observación nos permite darnos cuenta no solo del resultado final de la propuesta, sino también del proceso y en educación infantil, el proceso es realmente muy importante.

Que exista un curriculum con unos ítems determinados que debemos seguir para alcanzar determinados aprendizajes, no debe atarnos de pie y manos para desarrollar propuestas basadas en la experimentación y el descubrimiento, teniendo en cuenta los intereses y momentos evolutivos de los niños.

Podemos plantear ideas alternativas a lo que conocemos, a lo que se ha ido desarrollando dentro de las aulas durante años, tenemos la enorme suerte de tener actualmente a nuestro alcance las herramientas y la información para que se produzca el cambio.

Rebeca Wild dijo que el elemento más dañino que podemos encontrar en el entorno educativo son los adultos.

Lo que nos quería hacer ver, es que a la hora de estar con nuestros niños en clase, donde tenemos que realizar el trabajo más profundo es en nosotros mismos, porque aunque cambiemos los materiales, el mobiliario... si no cambiamos nuestra mirada seguiremos sin alcanzar el propósito de la educación.

¿TIENES EN CUENTA LOS INTERESES QUE MUESTRAS LOS NIÑOS DE TU ESPACIO A LA HORA DE REALIZAR PROPUESTAS?

¿QUÉ CRITERIOS SIGUES PARA SELECCIONAR UN MATERIAL U OTRO?

¿DAS PRIORIDAD AL TRABAJO SENSORIAL Y MANIPULATIVO?

CAPÍTULO 7

ACOMPAÑAR LAS PROPUESTAS Y DOCUMENTAR

89

A la hora de desarrollar diferentes propuestas es muy importante el momento de acompañar su desarrollo, es decir, no nos enfrentamos a propuestas directivas, estamos ante situaciones de juego y experimentación libre, cargadas de espontaneidad en las que debemos estar presentes y observar su desarrollo.

¿CÓMO ACOMPAÑAR LAS PROPUESTAS?

LÍMITES

PRESENCIA

OBSERVACIÓN

LÍMITES:

Es importante establecer unos límites seguros y respetuosos para todos los niños, en ocasiones se cae en la cuenta que el trabajo con propuestas activa es fundamentalmente libertinaje, pero esto no es real, dentro de la educación activa y respetuosa, los límites desde el respeto son absolutamente fundamentales.

Siguiendo la línea de la Disciplina Positiva, los límites en las propuestas serían:

- No dañar el material (no romper deliberadamente, no hacer un uso inadecuado...).

- No dañar al compañero.

- No dañarnos a nosotros mismos.

¿CONOCES LA DISCIPLINA POSITIVA? ¿HAS OÍDO HABLAR DE JANE NELSEN?

Te recomiendo el libro: "Disciplina positiva para preescolares. Educar niños responsables, respetuosos y capaces" de Jane Nelsen.

En España el gran referente sobre la disciplina positiva es Marisa Moya, podéis seguirla en redes o acudir a algunas de sus formaciones sobre disciplina positiva.

PRESENCIA:

En los primeros años de vida, la presencia de las figuras de referencia de los más pequeños es indispensable para un desarrollo y apego seguro.

Como educadores o profes nuestra figura es un referente para los más pequeños. Por eso debemos manifestar nuestra presencia para aportar seguridad en los momentos en los que estén en la escuela.

Cómo favorecer nuestra presencia sin interferir en el desarrollo natural del juego y la experimentación:

- Ubicarnos a la altura de los más pequeños, no solo durante las propuestas, también a la hora de hablar con ellos, es fundamental ponernos a su altura.

- Intentar mantener silencio o hablar lo menos posible. Cuidar nuestro tono de voz.

- Estar disponible ante cualquier posible necesidad de los pequeños.

- Atención a nuestros movimientos y posturas. Es fundamental el lenguaje no verbal.

OBSERVACIÓN:

Nuestra mejor forma de conocer el desarrollo de la propuesta en educación infantil es la observación, mediante ella podremos saber si estamos planteando una buena propuesta o si por el contrario no está dentro de los intereses de los niños. La observación nos permite una autoevaluación de nuestras propuestas, así como conocer los resultados que han obtenido de ella los peques.

"(La maestra) en vez de la palabra, debe aprender el silencio, en vez de enseñar, debe observar, en vez de la dignidad orgullosa de quien quiere aparecer como infalible, debe asumir su tarea con humildad".

M. Montessori.

TABLA OBSERVACIÓN DE PROPUESTAS

OBSERVACIÓN GLOBAL DE LA PROPUESTA

NOMBRE PROPUESTA:

MATERIALES EMPLEADOS:

- Tipo **de recurso:**
  - Bandeja sensorial.
  - Cubo sensorial.
  - Mesa de luz.
  - Luz negra.
  - Provocación.
  - Atelier/Instalación.
- Elementos sensoriales empleados:
- Elementos de apoyo de la propuesta:

PRESENTACIÓN DE LA PROPUESTA:

- Presentación y disposición de la propuesta al inicio:
- Presentación y disposición de la propuesta al finalizar:
- Hipótesis de la propuesta:
  - ¿Se ha cumplido la hipótesis inicial?
  - ¿Qué no se ha realizado?
  - ¿Qué se ha realizado que no se esperaba?
  - ¿Da lugar a otra propuesta?
  - ¿Repetiremos la propuesta?
  - ¿Ha participado una mayoría?

OBSERVACIÓN INDIVIDUAL DE LA PROPUESTA (SE REALIZARÍA DE FORMA INDIVIDUAL PARA CADA NIÑO)

INTERACCIONES:

- ¿Emplea el lenguaje?
- ¿Cómo es la comunicación no verbal?
- ¿Surgen conflictos?
- ¿Qué tipo de interacciones se observan?
- ¿Se produce juego paralelo?
- ¿Retira objetos a los compañeros?
- ¿Respeta los espacios de los compañeros?
- ¿Emplea y usa el material de forma correcta?

MANIPULACIÓN:

- ¿Se trabaja motricidad fina?
- ¿Se trabaja motricidad gruesa?
- ¿Se emplea la pinza?
- ¿Realiza trasvases?

Al final de este libro encontrarás un QR donde podrás descargar una guía de observación de propuestas.

95

Podríamos definir documentar, como una forma o necesidad de dejar constancia de lo que ocurre dentro del aula.

En la escuela Reggio la documentación es uno de los pilares fundamentales de su trabajo.

La documentación proporciona información de gran valor para poder conocer y "evaluar" las propuestas y prácticas que allí se desarrolla, estaría presente día a día en el proceso de aprendizaje.

La documentación pedagógica nos permite poder reflexionar sobre nuestra práctica y propuestas, a través de imágenes que muestran el proceso que hemos llevado a cabo en nuestra aula.

Documentar no es una forma de evaluación, es una forma de investigación pedagógica.

DOCUMENTAR NO ES:

REALIZAR FOTOGRAFÍAS SIN INTENCIÓN.

REALIZAR UN ARCHIVO CON FOTOGRAFÍAS DEL TRIMESTRE.

RECOPILAR MILES DE FOTOS ALEATORIAS TRAS UNA PROPUESTA.

FOTOGRAFIAR LOS RESULTADOS.

La documentación es un proceso continuo, vivo, dinámico de investigación y búsqueda, es decir hay unas ideas previas de lo que queremos documentar con una intención pedagógica, no es una simple toma de fotografías para luego mostrarlas a las familias.

La documentación pedagógica da visibilidad a los procesos de conocimiento, ayuda a preparar los materiales y propuestas.

"La documentación no es sobre lo que hacemos, sino sobre lo que buscamos".
Carla Rinaldi.

En la documentación pedagógica se produce una relación circular entre:

- La maestra y los niños.

- Los niños y el material.

- Los niños entre ellos.

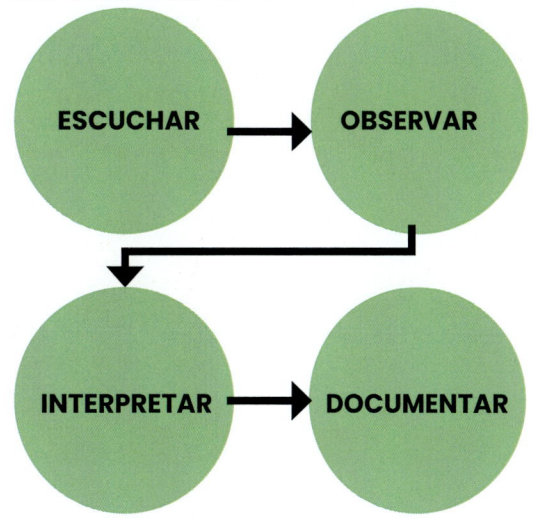

Podemos crear nuestra propia documentación pedagógica sobre alguna propuesta en concreto teniendo en cuenta estas premisas, es decir, ser conscientes de que estamos realizando un trabajo pedagógico, no una simple toma de fotografías.

Esta documentación nos puede servir como una autoevaluación propia para nuestra labor docente, además de otorgarnos gran cantidad de información sobre el momento e intereses de nuestros niños.

Podemos tener una propuesta que nos resulte muy interesante, que sea un buen centro de interés de nuestros peques y querer realizar una documentación, para dejar constancia del trabajo que se ha realizado y sus posibles resultados.

¿Sabías que en las escuelas Reggio la documentación pedagógica está expuesta en las paredes?

DISEÑO DOCUMENTACIÓN PEDAGÓGICA

- Nombre de la propuesta:

- Centro de interés que ha dado lugar a la propuesta:

- Materiales empleados:

- Fecha de realización:

- Inicio de la propuesta: Iría incluido un cuadrado con líneas.

- Desarrollo de la propuesta: Iría incluido un cuadrado con líneas

- Momentos curiosos de la propuesta: Iría incluido un cuadrado con líneas

- Final de la propuesta: Iría incluido un cuadrado con líneas

- Observaciones generales:

- Observaciones específicas:

- Modificaciones o cambios necesarios en la propuesta:

CAPÍTULO 8

MIS PROPUESTAS

Vamos a lo divertido. Os voy a mostrar algunas de mis propuestas, muchas las he realizado en mi escuela con peques de 1-2 años y con peques de 2-3 años, otras están realizadas en casa, porque podemos crear propuestas sensoriales y manipulativas, ¡nuestro laboratorio sensorial también en casa! La mayoría de propuestas se pueden adaptar también para el ciclo 3-6, modificando o añadiendo elementos, podemos adaptar al trabajo de lectoescritura o a primeros conceptos matemáticos.

Todas estas propuestas no son dirigidas, como adulta solo intervengo si los niños me reclaman o si ocurre algún incidente, pero dejo explorar y jugar libremente en todas ellas, mi función como acompañante de la propuesta es observar y documentar todo el proceso que se está viviendo.

MESA DE LUZ DE PRIMAVERA

Mesa de luz con flores y hojas prensadas, proporciona un gran estímulo visual debido a la mezcla de luz y colores de los elementos que la componen, además de trabajar mediante la manipulación la motricidad fina y la coordinación óculo-manual.

COMPETENCIAS:

- Competencia matemática y competencia en ciencia, tecnología e ingeniería.

- Competencia personal, social y de aprender a aprender.

- Competencia en conciencia y expresiones culturales.

- Competencia ciudadana.

- Competencia emprendedora.

HABILIDADES:

- Coordinación óculo-manual.

- Experimentación científica.

- Pensamiento matemático.

MATERIALES:

- Flores naturales prensadas y plastificadas.

- Hojas naturales prensadas y plastificadas.

- Bastidores con flores naturales.

- Música ambiente primavera.

- Dependiendo del tamaña del grupo: una o varias mesas de luz.

Hipótesis: A través de la experimentación con la luz se plantea la posibilidad de conocer las diferentes flores que surgen en primavera, descubrir sus colores, formas y partes. Se plantea la posibilidad de mirar y observar las flores, manipulándolas encima de la mesa de luz.

El juego que se desarrolla es diferente, se comienzan a clasificar las flores por colores y tamaños, además se emplea un continuo movimiento suave debido a la música que está dispuesta de fondo.

Se agrupan las flores por tamaños, separándolas de las hojas sueltas.

Uno de ellos se dedica a contar continuamente los pétalos de diferentes flores: "1, 2, 3…", "1,2,3…"

MESA DE LUZ KANDINSKY

Mesa de luz con círculos en papel celofán plastificados para facilitar la manipulación, de diferentes tamaños y colores. La propuesta ha sido acompañada de una muestra de imágenes reales de las obras de Kandinsky a los niños, estos han podido tocar y manipular las imágenes que han estado a su alcance durante varios días y se les han ido comentando.

COMPETENCIAS:

Competencia matemática y competencia en ciencia, tecnología e ingeniería.

- Competencia personal, social y de aprender a aprender.

- Competencia en conciencia y expresiones culturales.

- Competencia ciudadana.

- Competencia emprendedora.

HABILIDADES:

- Artísticas.

- Coordinación óculo-manual.

- Experimentación científica.

- Pensamiento matemático.

MATERIALES:

- Círculos de diferentes tamaños de papel celofán plastificados.

- Obras de Kandinsky que previamente han sido mostradas a los niños, dispuestas por el espacio.

- Música jazz suave.

- Dependiendo del tamaña del grupo: una o varias mesas de luz.

Hipótesis: Se plantea la posibilidad de reproducir las obras de Kandinsky con los elementos circulares en la mesa de luz a través de libre manipulación.

Empiezan creando "torres" con los diferentes círculos, observando cómo se mezclan los colores al poner uno sobre otro con el efecto de la luz.

Se realizan clasificaciones por color y tamaño.

Algunos disponen los círculos en el suelo, mostrando sorpresa al ver que ya no pueden ver los colores de la misma forma.

MESA DE LUZ MOTRICIDAD FINA "OTOÑO"

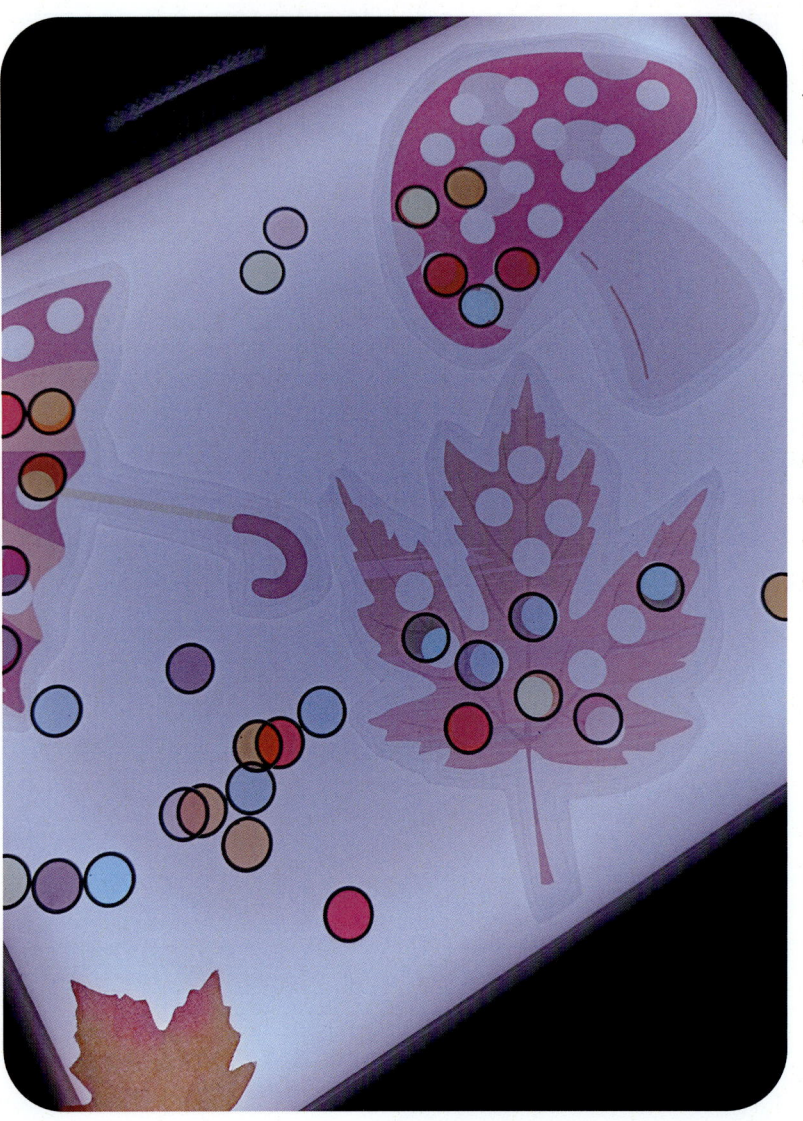

Mesa de luz diseñada para trabajar la motricidad fina, coordinación óculo-manual y la pinza. Mediante imágenes que representan elementos del otoño, se van a disponer una anillas translucidas para que su coloquen en los espacios en blanco, no es una propuesta dirigida, las anillas se disponen en una cesta al lado de la mesa de luz y se deja que cada niño explore y descubra libremente.

COMPETENCIAS:

- Competencia matemática y competencia en ciencia, tecnología e ingeniería.

- Competencia personal, social y de aprender a aprender.

- Competencia ciudadana.

- Competencia emprendedora.

HABILIDADES:

- Coordinación óculo-manual.

- Experimentación científica.

- Pensamiento matemático.

MATERIALES:

- Anillas metálicas de colores translucidos.

- Formas típicas del otoño impresas en acetato y plastificadas, con círculos en blanco.

- Dependiendo del tamaño del grupo: una o varias mesas de luz.

Hipótesis: Se plantea la idea de que los círculos que se han dibujado en las láminas serán tapados por las anillas translucidas.

Al comenzar la propuesta han sorprendido las anillas y se han ido manipulando, agrupando, rozando el borde metálico e incluso intentando saborearlas...

Algunos han ido agrupando las anillas por colores y otros tras una exploración previa han ido colocando las anillas en los espacios en blanco de las láminas, uno de ellos incluso haciendo coincidir los colores.

TUFF TRAY DE OTOÑO

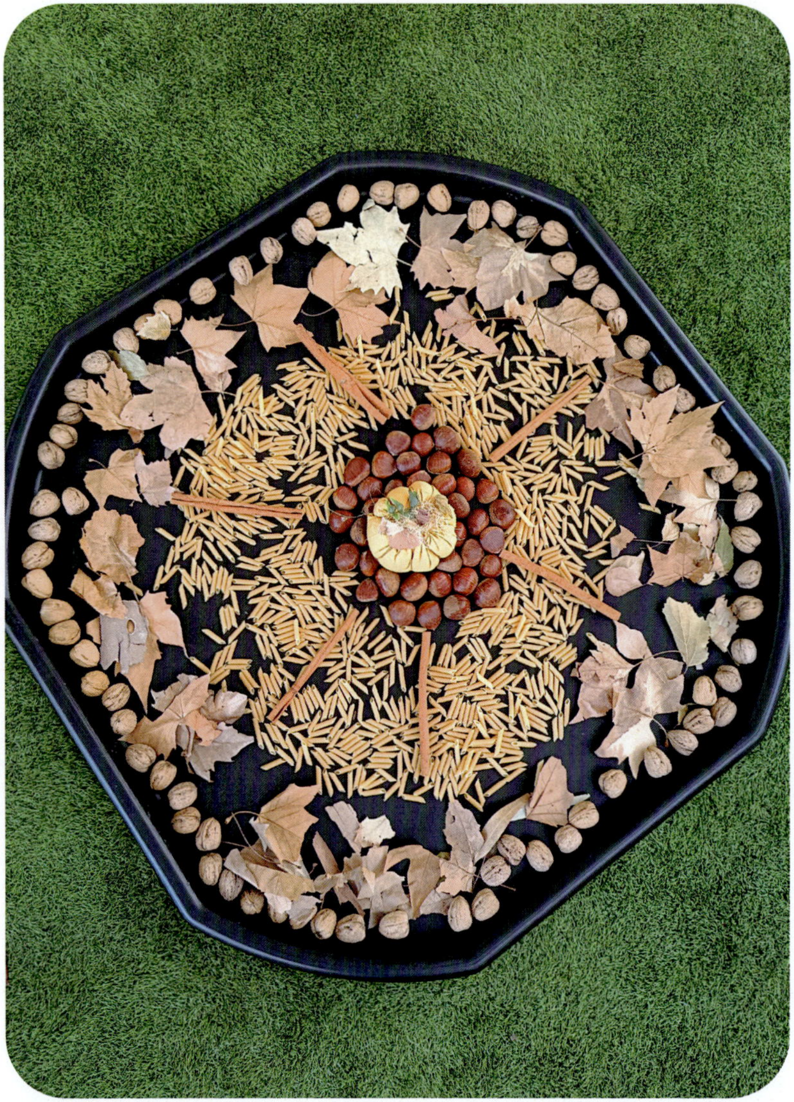

Bandeja sensorial de elementos naturales característicos del otoño contiene elementos de diferentes texturas, tamaños y colores, además de acercar elementos de la naturaleza a los niños, proporcionando los beneficios de poder estar en contacto con la naturaleza y dando a conocer elementos reales del entorno que les rodea.

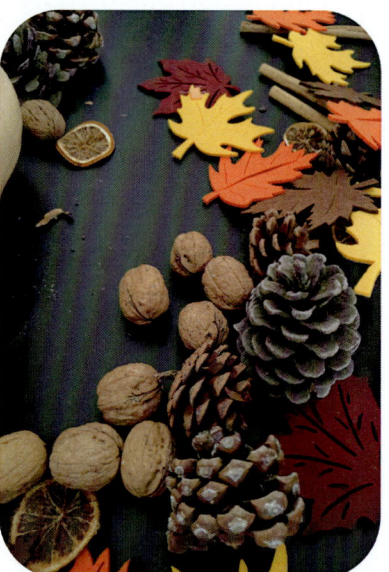

COMPETENCIAS:

◇ Competencia personal, social y de aprender a aprender.

◇ Competencia ciudadana.

◇ Competencia emprendedora.

◇ Competencia matemática y competencia en ciencia, tecnología e ingeniería.

HABILIDADES:

◇ Coordinación óculo-manual.

◇ Atención visual.

◇ Pensamiento matemático.

◇ Creatividad.

MATERIALES:

◇ Hojas secas.

◇ Castañas.

◇ Palos.

◇ Piñas.

◇ Nueces.

◇ Canela en rama.

Hipótesis: Se plantean que se produzcan pequeñas construcciones con los elementos naturales que se han dispuesto en la Tuff Tray, envolvimientos y troceado de hojas.

Su juego fue diferente. Se empieza creando música con las castañas y palos, golpeándolos entre ellos y también sobre la propia bandeja, comprobando que pueden producir sonidos más fuertes o más flojos, dependiendo de la intensidad y el elemento que utilicen.

Otros han ido clasificando los elementos: castañas por un lado, hojas, por otros...

Y algunos han tomado varios elementos y se han sentado a realizar pequeñas composiciones libres con los elementos de la bandeja.

TUFF TRAY "NOCHE ESTRELLADA"

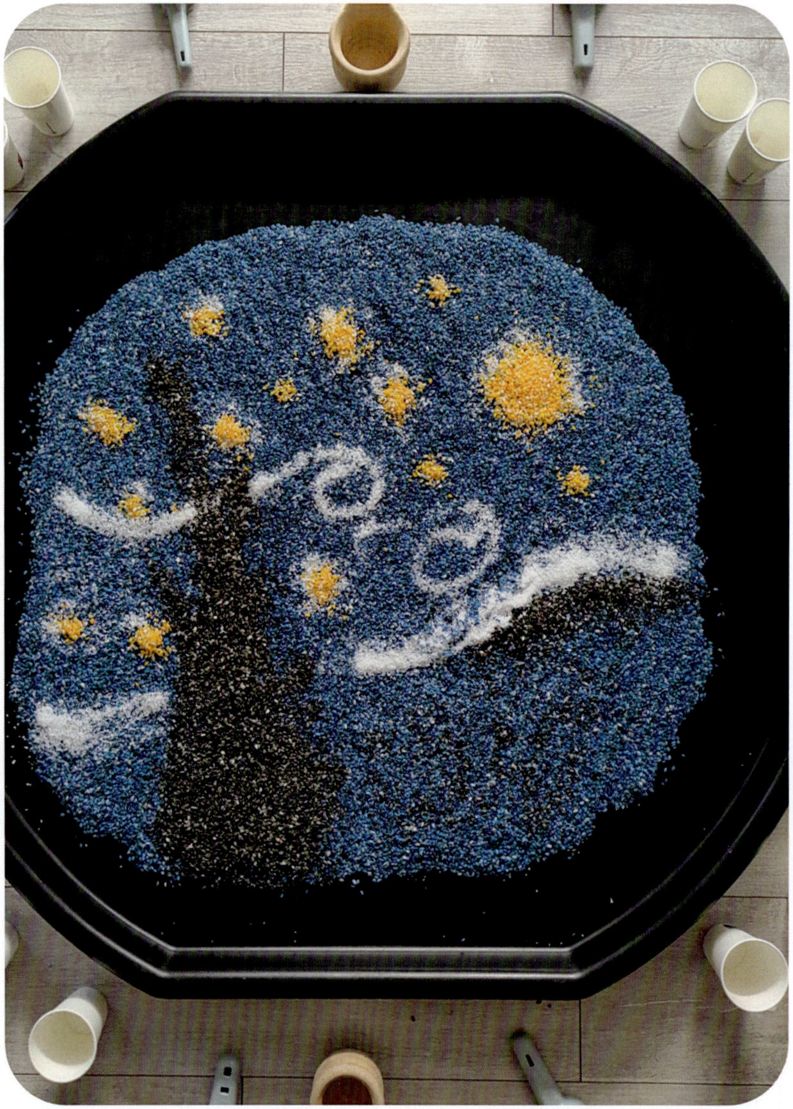

Bandeja sensorial de arroz teñido con colorante alimentario, que recrea la obra de Van Gogh "La noche estrellada". Proporciona estimulación sensorial a través de los granos de arroz y trabaja la motricidad fina. Además acerca de forma activa una obra pictórica que han podido observar previamente, dando a conocer elementos culturales y artísticos.

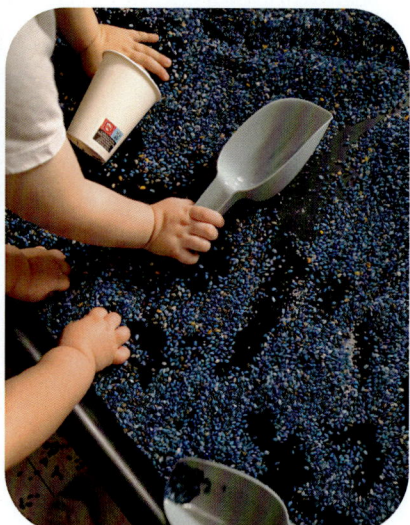

COMPETENCIAS:

- Competencia personal, social y de aprender a aprender.

- Competencia ciudadana.

- Competencia emprendedora.

- Competencia matemática y competencia en ciencia, tecnología e ingeniería.

- Competencia en conciencia y expresiones culturales.

HABILIDADES:

- Coordinación óculo-manual.

- Atención visual.

- Pensamiento matemático.

- Creatividad.

- Artística.

MATERIALES:

- Arroz.

- Colorante alimentario.

- Elementos para trasvases.

- Láminas de imágenes del cuadro "Noche estrellada" de Van Gogh.

Hipótesis: Se plantea que empleando los elementos para trasvases, se van a centrar en pasar arroz de un cuenco a otro, empleando las cucharas o las manos.

Al entrar en el espacio, todo el grupo se ha quedado observando la bandeja, quizás reconociendo la imagen que habían visto previamente en fotografías, posteriormente han empezado la gran mayoría a mezclar los granos de arroz, sin emplear cucharas ni elementos, simplemente con las manos, introduciéndolas en los granos de arroz, haciendo pequeñas montañitas, oliendo, incluso probando...

Pasado un rato, algunos han caído a cuenta de la existencia de los elementos para trasvases y han empezado a usarlos, al principio con las manos y posteriormente han empezado a usar cucharas.

TUFF TRAY "FLORES"

Bandeja sensorial con flores naturales recogidas el día anterior en zonas cercanas a la escuela, además se han incluido piezas sueltas con colores semejantes a los de las flores y lupas. Acercamos a los niños a las flores naturales que empiezan a surgir en primavera, también sus aromas y texturas, el ofrecer las lupas permite que realicen una exploración más detallada, además de fomentar el asombro al descubrir la posibilidad de ver en una versión más ampliadas todos los elementos.

COMPETENCIAS:

- Competencia personal, social y de aprender a aprender.

- Competencia ciudadana.

- Competencia emprendedora.

- Competencia matemática y competencia en ciencia, tecnología e ingeniería.

HABILIDADES:

- Coordinación óculo-manual.

- Atención visual.

- Pensamiento matemático.

- Creatividad.

- Manipulación.

- Descubrimiento.

MATERIALES:

- Flores naturales.

- Hojas.

- Piezas sueltas de madera con colores similares a las flores y hojas.

- Lupas de tamaño infantil.

Hipótesis: Se plantea la idea de que los niños van a manipular las flores al comienzo de la propuesta, además de utilizar las piezas sueltas para pequeñas construcciones, sin embargo lo primero que les llama la atención son las lupas.

Han empezado a explorarlas y mirar a través de ellas, se acercan a las flores, las piezas sueltas, pero también se miran entre ellos a través de las lupas, miran partes de sus cuerpos y juegan a ponerse y quitarse las lupas, se han movido por el entorno de la propuesta mirando a través de las lupas.

Algunos posteriormente han empezado a tocar y oler las flores, otros han ido cogiendo flores del mismo color y las han ofrecido a compañeros.

Algunos han ido quitando pétalos a las flores y lanzándolos sobre ellos mismos. Uno ha realizado pequeñas construcciones con las piezas sueltas de un mismo color y ha incluido flores para finalizar su "obra".

Se crea una bandeja Play Tray muy sensorial, con elementos propio de la estación del verano. Esta propuesta se ha realizado en el exterior, una mañana del mes de julio.

En la parte sin divisiones de la bandeja se ha puesto agua fría con un pequeño toque de sal, en la parte divida hemos dispuesto, una con arena, otra con conchas medianas y pequeñas, otra parte con piedras y una última parte con conchas de gran tamaño.

COMPETENCIAS:

- Competencia matemática y competencia en ciencia, tecnología e ingeniería.

- Competencia personal, social y de aprender a aprender.

- Competencia ciudadana.

- Competencia emprendedora.

HABILIDADES:

- Pensamiento matemático.

- Coordinación óculo-manual.

- Experimentación.

- Creatividad.

MATERIALES:

- Arena.

- Agua fría.

- Conchas de diferentes tamaños.

- Piedras.

Hipótesis:

En esta propuesta se plantea la hipótesis de que los niños van a manipular el agua en un primer momento y posteriormente empezaran a clasificar y mezclar los diferentes elementos que componen la bandeja.

Al principio se han centrado en la arena, han introducido las manos, han cogido pequeños montoncitos y los han puesto en otros compartimentos, en el suelo, incluso la han probado...

Algunos han caído en la presencia del agua y han empezado a meter manos y también los pies, luego otros han empezado a mezclar el agua con arena y otros han empezado a añadir las conchas.

Varios no han tocado ni el agua ni la arena, se han centrado en las piedras y cochas, haciendo pequeñas clasificaciones y montones a modo de torres.

BANDEJAS SENSORIALES

Bandeja sensorial inspirada en el cuento infantil "El pollo Pepe". Recreamos la figura del personaje Pollo Pepe e incluimos elementos relacionados con la granja y los pollitos.

Previamente a la realización de la bandeja sensorial se ha leído el cuento y se ha trabajado mediantes preguntas sonidos propios de los animales del cuento.

COMPETENCIAS:

- Competencia matemática y competencia en ciencia, tecnología e ingeniería.

- Competencia personal, social y de aprender a aprender.

- Competencia ciudadana.

- Competencia emprendedora.

- Competencia comunicación lingüística.

HABILIDADES:

- Pensamiento matemático.

- Coordinación óculo-manual.

- Experimentación.

- Creatividad.

- Atención visual.

- Desarrollo del lenguaje.

MATERIALES:

- Maíz dulce.

- Avena.

- Pompones naranjas y amarillos.

- Hierba seca.

- Huevos de poliespán y plástico.

- En cartulina se han realizado los ojos y pico del pollo pepe.

Hipótesis: Se plantea la posibilidad de que los niños se sientan muy atraídos por la reproducción del "Pollo Pepe" que es bastante similar al que encuentran en el libro y que empezarán a manipularlo rápidamente.

Algunos han cumplido esta hipótesis, ya que han empezado a tocar el maíz, los ojos, el pico... pero otros se han sentido más atraídos por las plumas sueltas y la reproducción de hierba.

Hay varios que directamente han empezado a comer maíz.

MESA SENSORIAL DE PRIMAVERA

Mesa sensorial elaborada con arroz teñido en dos tonos de verde, se han empleado miniaturas de diferentes tipos de flores, trozos de madera, palas y también tarjetas imágenes reales de flores. Las tarjetas se han dispuesto en el margen de la mesa ordenadas, para que se puedan ver todas.

COMPETENCIAS:

- Competencia matemática y competencia en ciencia, tecnología e ingeniería.

- Competencia personal, social y de aprender a aprender.

- Competencia ciudadana.

- Competencia emprendedora.

HABILIDADES:

- Pensamiento matemático.

- Coordinación óculo-manual.

- Experimentación.

- Creatividad.

- Atención visual.

- Artístico.

- Lingüística.

MATERIALES:

- Arroz.

- Colorante alimentario.

- Tarjetas de imágenes reales de flores, tipo tarjetas de lenguaje Montessori.

- Reproducciones en miniatura de flores.

- Discos de madera, pinzas y palas para trasvasar.

Hipótesis: Se plantea la posibilidad que en esta mesa sensorial se practique la clasificación de las diferentes flores al ir cogiéndolas de la base sensorial de arroz.

Primero se ha realizado un juego libre con todos los elementos de la mesa sensorial, mezclando el arroz, trasvasando, observando las diferentes miniaturas florales.

Pasado un tiempo, se ha empezado a clasificar las flores, asociando cada imagen con cada miniatura, esto surge de forma espontánea, en ningún momento se ha interferido ni dirigido el juego, comentando la posibilidad de que se puedan asociar o nombrar las flores.

CUBO SENSORIAL "CARNAVAL"

Cubo sensorial que en un principio se planteaba en el exterior, pero por circunstancias climáticas se realizó en interior. Esta realizado con todos los elementos que nos pueda evocar al carnaval: Papelillos, serpentinas, antifaces, elementos para disfrazarse...

A través de este cubo sensorial se trabaja el conocimiento de los elementos de una festividad cultural, haciendo participes de ella manipulando y experimentando con todos sus elementos, a través del juego libre y del descubrimiento.

COMPETENCIAS:

- Competencia matemática y competencia en ciencia, tecnología e ingeniería.

- Competencia personal, social y de aprender a aprender.

- Competencia ciudadana.

- Competencia emprendedora.

- Competencia en conciencia y expresiones culturales.

HABILIDADES:

- Creatividad.

- Coordinación óculo-manual.

- Motoras.

- Pensamiento matemático.

- Artísticas.

MATERIALES:

- Papelillos.

- Serpentinas.

- Tutus de colores.

- Mascaras de carnaval.

- Sombreros.

- Abanicos.

Hipótesis: El cubo sensorial siempre es un elemento que llama mucho la atención de los niños, al ser un objeto grande y tridimensional que ocupa un espacio que antes no estaba ocupado, esta propuesta siempre va de la mano del asombro.

Por ellos se plantea que los niños van a mirar desde fuera el cubo y poco a poco irán interaccionando con todos los elementos que están en él.

Algunos han necesitado un tiempo para acercarse, otros por el contrario se han lanzado a manipular, quitar e incluso ponerse algunos de los elementos. Hay varios niños que entrar directamente en el interior del cubo y desde allí observan a sus compañeros, otros en ningún momento entran al interior. La mayoría de ellos usas los elementos para disfrazarse: se ponen gorros, algún antifaz... Hay varios que realizan trasvases con los papelillos.

CUBOS SENSORIALES

Cubo sensorial inspirado en el cuento "Flores" de Herve Tullet, que previamente ha sido mostrado y manipulado por los niños.

Es un cubo muy visual cargado de color y materiales translucidos de diferentes colores, que permiten la entrada de luz y la proyección de los colores a través de ellos. Se ha realizado en el exterior del espacio que se utiliza habitualmente, por lo que cuenta también con la ayuda de la luz solar natural que aporta mucho juego visual a esta propuesta.

COMPETENCIAS:

- Competencia matemática y competencia en ciencia, tecnología e ingeniería.

- Competencia personal, social y de aprender a aprender.

- Competencia ciudadana.

- Competencia emprendedora.

- Competencia en comunicación lingüística.

HABILIDADES:

- Creatividad.

- Coordinación óculo-manual.

- Motoras.

- Pensamiento matemático.

- Artísticas.

- Desarrollo del lenguaje.

MATERIALES:

- Cuento "Flores" Herve Tullet.

- Bastidores con papel celofán de colores.

- Construcciones translucidas de colores.

- Construcciones con celofán y cartón.

Hipótesis: Se plantea que ante esta propuesta, los niños experimentaran con los diferentes elementos visuales que se han dispuesto en el cubo, mirando a través de ellos y manipulándolos. Algunos de los niños al encontrarse con el cubo han empezado a mirar a través de los elementos que estaban colgados, otros han tomado algunos de los que estaban en el suelo, han comenzado a manipularlos y mirar a través de ellos, un pequeño grupo han tomado algunos elementos y han empezado a mirar el espacio que rodea al cubo con los diferentes colores, una niña se ha sentado a ojear el cuento y otros han realizado pequeñas construcciones.

INSTALACIÓN "PELOTAS"

Es una instalación sensorial y motriz, ya que incluye elementos que permiten realizar muchos movimientos, incluyen tanto motricidad fina como gruesa y además al ser una instalación bastante amplia el libre movimiento está garantizado.

COMPETENCIAS:

- Competencia matemática y competencia en ciencia, tecnología e ingeniería.

- Competencia personal, social y de aprender a aprender.

- Competencia ciudadana.

- Competencia emprendedora.

HABILIDADES:

- Creatividad.

- Motoras.

- Pensamiento matemático.

- Artísticas.

MATERIALES:

- Aros.

- Pelotas de plástico.

- Tubos de rollos de papel.

Hipótesis: Se plantea que la mayoría de los niños tiraran muchas de las pelotas que se han dispuesto en la instalación, al inicio la mayoría presenta este interés, pero pasados unos minutos, el grupo empieza a dispersarse por la instalación y cada uno de los niños, va mostrando interés por los diferentes elementos que van encontrando.

Algunos empiezan a introducir pelotas en los tubos de cartón, otros meten pelotas a través de los aros, otros clasifican pelotas por colores y algunos deambulan por la instalación observando a sus compañeros y al entorno.

Existen múltiples posibilidades a nivel sensorial y experimental para trabajar en educación infantil, siempre podemos adaptar las propuestas a la necesidades de los peques con los que estamos, porque al final, son ellos los protagonistas de su propio aprendizaje.

AGRADECIMIENTOS

A mis padres, Benito y Pilar, sin ellos la mayoría de las cosas que hago o he hecho en mi vida no hubieran sido posibles, gracias por ayudarme siempre de forma incondicional y por aprender a entender a esta inconformista que siempre se sale del camino. Tendría que escribir 100 páginas solo de agradecimientos para vosotros.

A mis tíos y primo: Lili, Antonio y Alfonso. Y al resto de mi familia, la que está cerca y la que está lejos.

A Susana, la amiga-hermana que me lleva aguantando incontables años y que me explica cada uno de los contratos que he firmado y firmaré en mi vida. Todos sabemos que eres la cuerda de las dos.

A Raquel, la prima-hermana que me soporta y aguanta en mis desvaríos y que fue el primer bebé con el que jugué de forma consciente.

Alicia, tú me abriste las puertas de una escuela Montessori y al entrar me llevé una de mis mejores amigas, hemos vivido las experiencias más bonitas y también posiblemente algunas de las más feas de la vida casi a la vez y hemos sobrevivido, estamos en otro plano.

A Minerva, posiblemente la mejor compañera de ambiente que he podido tener en mi vida, trabajar contigo ha sido una de las mejores experiencias que he tenido.

A Cristina, mi compi trueno en Rainbow, que es capaz de entender lo que pienso solo con mirarme y, aunque somos muy distintas, también podemos ser muy iguales.

A mis amigas Ángela y Ana, porque no hace falta estar siempre al lado de alguien para alegrarte y vivir como tuyo sus momentos de felicidad y también los de tristeza.

A Juan y Juanjo, personas que han sido y son muy importantes en mi vida y que me han hecho aprender y crecer mucho.

Al equipo de CEI Rainbow, gracias por confiar en mí en el momento que más lo necesitaba, por confiar en mis ideas y por dejarme hacer.

A Sevilla Montessori School por darme la oportunidad de crecer, allí nació la persona que soy hoy, en esta aventura de la educación.

Al incontable número de personas que me han rodeado y me rodean haciéndome aprender y apoyándome: Mercedes, Manuel, Cristina P., Sandra, Ana, Laura, Macarena, Ángela, Ana de Linares, Laura, Kike, Lidia, Alberto...

A mis niños, a todos esos niños a los que he tenido la suerte de acompañar durante todos estos años y a los que acompañaré espero en un futuro, siempre he tenido claro que vosotros me enseñáis más a mí que yo a vosotros.

A todas las personas que leen este libro, gracias por vuestro tiempo y confianza.

A las personas que quiero, en voz alta y en voz baja, estáis en mi corazón.

A María del Valle Páez, mi abuela y maestra de profesión. Siempre estás presente. Gracias.

María Montessori dijo una vez: "El maestro es el niño", pues al mejor y mayor maestro que tendré en mi vida: Zión, mi amor, todo es por ti. El mundo es tuyo, recórrelo y cómetelo. Disfruta siempre la vida y no dejes de ser libre. Te quiere mamá.

BIBLIOGRAFÍA

◇ Abad,J y Ruiz de Velasco, A. 2011. *El juego simbólico*. Editorial Grao.

◇ Aguilar, M. 2020. *Provocaciones*. Editorial Sar Alejandría.

◇ García, A. 2017. *Otra educación ya es posible*. Editorial Litera libros.

◇ L'Ecuyer, C. 2012. *Educar en el asombro*. Plataforma Editorial.

◇ Malaguzzi, L. 2021. *La educación infantil en Reggio Emilia*. Editorial Octaedro. Rosa Sensat.

◇ Montessori, M. 2017. *El niño, el secreto de la infancia*. Montessori-Pierson Publishing Company.

◇ Montessori, M. 2015. *La mente absorbente del niño*. Montessori-Pierson Publishing Company.

◇ Mora, F. 2013. Neuroeducación: *Solo se puede aprender aquello que se ama*. Alianza ensayo.

◇ Tonucci, F. *La ciudad de los niños*. Losada.

◇ Trueba Marcano, B 2015. E*spacios en armonía. Propuestas de actuación en ambientes para la infancia*. Editorial Octaedro. Rosa Sensat.

◇ Vela, P y Herrán, M. 2019. P*iezas sueltas. El juego infinito de crear*. Editorial Litera libros.

Aquí puedes descargar tu
guía de observación y documentación para propuestas

Disfruta de la música
que usamos a diario.